Développer son charisme
et son leadership

Éditions d'Organisation
Groupe Eyrolles
61, bd Saint-Germain
75240 Paris cedex 05

www.editions-organisation.com
www.editions-eyrolles.com

COLLECTION MODE PROJET

Gérard Rodach

Développer son charisme et son leadership

EYROLLES

Éditions d'Organisation

Dans la même collection, dirigée par Ramez Cayatte :

Ramez Cayatte, *Bâtir une équipe performante et motivée*
Ramez Cayatte, *Communiquer et convaincre dans un projet*
Paul-Hubert des Mesnards, *Réussir l'analyse des besoins*
Paul-Hubert des Mesnards, *Réussir l'analyse de la valeur*
Gérard Rodach, *Gérer son temps et ses priorités*

Sommaire

Introduction 9

    Autodiagnostic 12

Pratique n° 1

Leadership et charisme 15

    Le charisme, un terme fort 17

    Le sens du leadership 19

    Pourquoi accroître son influence ? 22

    Les leçons de l'expérience 23

    Analysez la structure de votre équipe 25

Pratique n° 2

Un leadership sur mesure 27

    Les trois principaux styles de leadership 30

    La force du leader charismatique 31

    Quelle forme de leadership adopter ? 33

    Osez progresser ! 35

    Les leçons de l'expérience 36

    Êtes-vous plutôt un leader de style X, Y ou Z ? 39

Pratique n° 3

Bâtir une vision pour le projet 41

    Pourquoi bâtir une vision ? 44

    Construisez une vision 46

    La conviction des autres commence par soi 48

    Les leçons de l'expérience 50

    Fiche action 52

Pratique n° 4

Convaincre son auditoire 53

Une bonne préparation est essentielle 55
Associez le ton et le geste pour convaincre 57
Suscitez les échanges 60
Les leçons de l'expérience 63
Grille d'analyse de l'art oratoire 65

Pratique n° 5

Convaincre en face à face un acteur-clé 67

Des outils pour une meilleure compréhension de l'autre 69
Favorisez la compréhension de vos messages 72
Évitez les malentendus 74
Les leçons de l'expérience 75
Le carré d'as 77

Pratique n° 6

Susciter la confiance et la coopération au quotidien 79

Pour une équipe fidèle 82
Apprenez à écouter vraiment 85
Donnez des signes de reconnaissance constructifs 87
Les leçons de l'expérience 88
Conséquences des différentes formes d'écoute 91

Pratique n° 7

Motiver et accompagner l'action 93

De la loyauté à la motivation 96
Des motivations différentes 98
Stimulez vos collaborateurs 99
Les leçons de l'expérience 102
Au secours des collaborateurs en difficulté 104

Pratique n° 8

Oser 107

L'audace n'est pas la norme 110
Gains et risques dans la balance 112
Osez… dans les formes 113
Ne doutez pas de votre courage 115

Les leçons de l'expérience 116
Quelle est votre aptitude aux décisions courageuses ? 118

Pratique n° 9
La créativité comme clé des champs 121
Pourquoi la créativité devient-elle nécessaire ? 124
Favoriser la créativité 126
Un processus structuré 128
Les leçons de l'expérience 131
Outil de créativité 133

Pratique n° 10
Quand le leadership est mis à l'épreuve 135
Le stress, gangrène de notre société 138
Canaliser les tensions 140
Sachez vous remettre en cause 142
Les leçons de l'expérience 144
Votre réunion devient difficile à diriger, que faire ? 146

En guise de synthèse 147
Bâtissez un plan pour devenir un leader charismatique 149

Bibliographie 153

Introduction

Vous sortez du cinéma et êtes encore sous le charme du film. Le héros, acculé, sans ressources et ne bénéficiant apparemment d'aucun soutien possible, a réussi par sa seule volonté à retourner la situation et à entraîner une foule derrière lui. Avec l'aide de tous, il a accompli un exploit.

En comparant sa vie avec la vôtre, vous vous dites que vous auriez aimé avoir du charisme et être reconnu comme un leader. Vous vous imaginez capable de convaincre, votre entourage vous suivant les yeux fermés sur le chemin de la réussite.

Une fois revenu sur Terre, vous vous rappelez que demain, au bureau, plusieurs projets vous attendent. Chacun a son cortège de retards liés à des décisions non prises ou au manque de disponibilité de collaborateurs tiraillés entre plusieurs tâches. Il va vous falloir encore menacer, supplier, pallier les déficiences, négocier des délais, être critique... Le leadership et le charisme ne sont pas votre fait, sinon la situation ne serait pas ce qu'elle est !

Et pourtant, le charisme, c'est comme le sport, les mathématiques ou les arts : nous ne sommes pas tous doués, mais la très grande majorité d'entre nous peut, avec un peu d'entraînement et de volonté, pratiquer la course à pied, résoudre des équations ou dessiner au fusain.

Vous n'aurez pas de difficulté à trouver un entraîneur de sport, un professeur de mathématiques ou un enseignant au conservatoire de musique, mais connaissez-vous un « moniteur de charisme » ? Non, cela n'existe pas, car nous sommes tous persuadés que le charisme est inné. J'y ai cru pour ma part pendant longtemps. De là est partie la réflexion qui a abouti au présent ouvrage.

Un effet de mode ?

Nous n'avons jamais autant entendu parler du leadership et du charisme. Est-ce simplement un effet de mode ? Il y a trente ans, les médias évoquaient les « grands gestionnaires ». Aujourd'hui, ces mêmes personnes sont probablement qualifiées de « leaders »...

Le monde économique a fondamentalement changé depuis la fin des années 1970 : réduction des niveaux hiérarchiques, ajustement permanent des effectifs, complexification, rapidité des changements, etc.

Auparavant, le métier de chef de projet tenait de la guerre napoléonienne (de grands mouvements avec une organisation structurée, une échéance de temps relativement longue...). Aujourd'hui, il relève plutôt de la guérilla (des projets qui évoluent sans cesse, des équipes constamment remaniées...). Dans le contexte actuel, le chef de projet se doit d'être agile, réactif, communicant, mais il doit aussi avoir de l'intuition, du leadership et savoir dynamiser son équipe.

De nombreux managers ont vu leur rôle évoluer. En particulier, ils se retrouvent de nos jours à manager des individus sur lesquels ils n'ont pas d'autorité directe, dans le cadre des projets dont ils ont la responsabilité. Persuader, motiver une équipe, vaincre les obstacles : voilà donc les clés de l'efficacité dans un environnement professionnel aux schémas hiérarchiques de plus en plus flous.

Par ailleurs, le mode de fonctionnement des entreprises est loin d'être purement rationnel et objectif. De nombreux facteurs humains pèsent sur les décisions prises, en particulier lors de la répartition des projets. Des enjeux de pouvoir et d'influence font qu'il est possible d'hériter de projets valorisants pour son équipe, mais aussi de projets dont personne ne veut. Développer votre leadership et votre charisme vous permettra d'être mieux informé en amont des projets et d'influencer le choix de ceux à venir. Par conséquent, vous pourrez avoir la charge de projets intéressants qui feront, par ricochet, que les meilleurs éléments de l'entreprise auront envie d'y participer.

Vers un leadership charismatique

Actuellement, il ne suffit plus d'organiser, d'agir et de suivre l'exécution d'un projet. Le fameux « PDCA » (*plan, do, check, act*, soit « planifier, faire, contrôler, réagir ») des méthodes d'organisation est à remettre au goût du jour. En tant que chef de projet, vous devez maintenant savoir en plus induire des comportements chez des personnes de niveaux hiérarchiques différents (aussi bien chez vos collaborateurs que chez vos collègues ou… votre responsable).

- Comment influencer et convaincre votre entourage ?
- Comment adapter votre comportement pour obtenir les résultats attendus sans être trop autoritaire ?

Trois méthodes s'offrent à vous :

- appliquer des recettes « miracles » qui feront de vous des leaders incontestés. Comme en cuisine, les livres de recettes ne font pas nécessairement les bons cuisiniers. Toutefois, cela n'enlève rien à la qualité des ouvrages concernés. Celui que vous tenez entre les mains contient donc des conseils pratiques ;

- vous nourrir des autobiographies de leaders réputés. Cependant, les situations qu'ils ont rencontrées sont-elles comparables à celles que vous vivez ? Leur personnalité est-elle similaire à la vôtre ? Si cette piste vous intéresse, vous trouverez à la fin de cet ouvrage des références bibliographiques qui vous seront utiles ;

- bâtir une démarche qui tienne compte de votre personnalité et de votre environnement professionnel. Après tout, dans n'importe quel sport, l'entraînement est fonction de l'athlète, de sa pratique et de ses objectifs. Vous pouvez avoir envie de mieux jouer au tennis sans viser pour autant une place au tournoi de Roland-Garros…

Vous l'aurez compris, le présent ouvrage traite principalement de ce dernier point. Il est le reflet de notre pratique dans de nombreuses entreprises. Faites-en votre projet !

Autodiagnostic

Indiquez dans le tableau suivant si vous êtes en accord avec les affirmations proposées.

		Tout à fait d'accord	Plutôt d'accord	Plutôt en opposition
1	Je sais distinguer le leadership du charisme et de l'autorité.			
2	J'ai identifié les situations qui favorisent l'expression de mon leadership.			
3	Je bâtis une vision autour de chaque projet pour que mon équipe comprenne le sens de son activité.			
4	Je sais, par une présentation orale, partager cette vision avec les acteurs du projet et les faire adhérer à mes idées.			
5	Je sais convaincre individuellement les acteurs-clés d'un projet, qu'ils soient participants ou décideurs.			
6	Je motive et favorise la coopération de chacun au quotidien en reconnaissant ses besoins.			
7	J'assure le pilotage de l'action en m'impliquant et en motivant mes équipiers, tout en restant suffisamment exigeant pour respecter les objectifs fixés.			
8	Je sais aussi m'affranchir des règles ou « monter au créneau » pour vaincre les obstacles rencontrés.			
9	Je favorise la créativité individuelle et collective dans le cadre du projet.			
10	Je gère les tensions lors de séances de régulation et je sais me remettre en question.			

Comptez ensuite les points obtenus : + 5 points par réponse de type « Tout à fait d'accord », + 2 points pour « Plutôt d'accord » et – 2 points pour « Plutôt en opposition ».

Si vous avez au total :

- entre 40 et 50 points, vous possédez les atouts pour être un leader et être reconnu comme tel ;
- entre 30 et 39 points, vous avez une marge de progrès. Les conseils de ce livre devraient vous être utiles ;
- moins de 30 points, tentez d'analyser l'image que vous avez de vous (interrogez aussi votre entourage à ce sujet). Vous pouvez l'améliorer et devenir vous aussi un leader charismatique !

Leadership et charisme

Charisme et *leadership* sont depuis quelques années des mots très en vogue (à côté d'eux, le terme *manager* paraît presque aujourd'hui désuet). Or ce ne sont pas des mots neutres : ils ont à la fois des sens positif et négatif, ce qui peut conduire à des incompréhensions. Nous commencerons donc par définir ces termes, puis nous verrons pourquoi il est intéressant d'accroître son influence dans l'entreprise.

Histoire vécue

Philippe vient d'être nommé responsable de projet dans une entreprise de grande consommation. Cette dernière dispose d'un stock impressionnant de gadgets en tous genres, qu'elle utilise lors de ses actions commerciales ou met à disposition de son personnel. Celui-ci y pioche pour offrir de menus cadeaux à l'occasion de kermesses, de fêtes d'école ou de manifestations sportives. Philippe ne prête guère attention à cette opportunité, jusqu'au jour où, entrant dans le bureau de Bernard, un membre de son équipe, il découvre une montagne de gadgets. Devant sa surprise (et son amusement), son collègue lui explique qu'il organise un concours régional de pétanque dans sa commune.

Philippe, tout en l'écoutant parler avec flamme de son projet, imagine quelques dizaines de participants dans un jardin. Il tombe des nues lorsque Bernard lui avance le nombre de huit cents inscrits. Il est encore plus impressionné quand il comprend que son collaborateur est l'organisateur en chef de cet événement sur lequel il travaille depuis quatre mois.

À ses yeux, Bernard, tout en étant un bon professionnel dans son domaine, ne semble pas manifester de talents particuliers en termes de leadership ou de charisme. Il l'imagine mal en animateur d'une manifestation de grande envergure. Un tel rôle nécessite l'encadrement de dizaines de bénévoles et implique des prises de risque importantes au niveau du budget, de la gestion des foules, etc.

Le jour venu, Philippe décide de se rendre sur place. En arrivant dans le petit village de Bernard, il est déjà un peu étonné par le trafic, mais aussi par le balisage mis en place tout au long de la route et par l'organisation du stationnement. Il va de surprise en surprise en croisant des centaines de participants, des dizaines de bénévoles, un service d'ordre et de circulation assuré à la fois par la gendarmerie et des membres de l'équipe d'organisation, puis en passant devant des buvettes, divers stands, un centre de soins...

Au milieu de toute cette agitation, il aperçoit Bernard qui semble prendre dix décisions à la minute, galvanisant ses troupes, réglant de manière souple et autoritaire les multiples litiges. Il sent que son collègue est ici écouté et respecté par tous, un spectacle inhabituel au sein de l'entreprise.

Après l'avoir salué, Philippe se promène sur le site et profite d'occasions diverses pour échanger avec les bénévoles. Ces derniers, pour la grande majorité, connaissent un Bernard que lui ne rencontre guère au quotidien. Tous le décrivent comme un chef, un meneur et évoquent le plaisir qu'ils ont à participer avec lui à cette manifestation. Bernard a pris en charge cette activité il y a maintenant deux ans, après avoir été longtemps un bénévole actif de leur association. Grâce à lui, la réunion annuelle a pris de l'ampleur et son succès attire maintenant des compétiteurs d'autres régions.

« Vous comprenez, lui dit un bénévole, un concours régional est une action relativement encadrée. Il y a des concours locaux en amont et des épreuves interrégionales à la suite, le tout sous la houlette de la fédération nationale. Ces dernières années, nous avions mis en place une organisation facile à reproduire d'année en année. Bernard nous a fait changer de vitesse. Cela n'a pas été simple, mais il est très fort : il a su convaincre tout le monde, y compris les instances nationales ! Il a ensuite réussi à trouver de nouveaux budgets et attiré les meilleurs joueurs... Aujourd'hui, notre compétition est au niveau interrégional et

l'année prochaine, nous organiserons peut-être les championnats natio-
naux. C'est un succès dont nous sommes tous fiers ! »

Les yeux du bénévole brillent lorsqu'il prononce ces paroles, et ses collègues, à ses côtés, hochent la tête en chœur pour confirmer leur satisfaction.

Pour Philippe, c'est une révélation : Bernard ne lui a jamais paru être un
initiateur de nouvelles méthodes ou un créatif... Il ne semble même pas
être reconnu comme un leader par ses collègues !

_____ **Les questions-clés** _____

Philippe voit tout à coup son collègue effacé se transformer en leader
charismatique sous ses yeux. Il se demande pourquoi Bernard préfère
mettre en valeur ses qualités de leader à l'extérieur de l'entreprise plutôt
qu'en interne. Peut-être est-ce dû à l'entreprise elle-même... Par ailleurs,
Philippe ne pensait pas que l'on pouvait être doté de charisme à temps
partiel ! Il s'interroge :

? Qu'est-ce que le charisme ?

? Existe-t-il différentes formes de leadership ?

? A-t-on intérêt à développer son influence au sein de son
entreprise ?

Le charisme, un terme fort

Les mots n'ont pas forcément le même sens pour tous. Un terme
peut être simplement ambigu (par exemple, à quel âge est-on un
senior ?), ou avoir évolué dans le temps (le mot *critique*, qui signifiait
simplement à l'origine « analyse », a aujourd'hui une connotation
négative). Par ailleurs, notre interprétation dépend de notre culture
et de notre sensibilité.

Sens religieux et sens laïque

Le mot *charisme* ne fait pas exception à la règle. D'un point de vue
étymologique, *charisme* vient du grec *kharis* qui signifie « faveur,
bienfait ». Ainsi, il renvoie primitivement à l'idée de grâce. Il s'agit
à l'origine de la grâce accordée de façon passagère ou permanente par

Dieu à certains élus. La théologie chrétienne l'associe donc à l'idée d'élection. Celui qui en bénéficie a la possibilité – et l'obligation – de mettre les autres (et lui-même) sur un certain chemin. Dans ce sens, le charisme est un don, et son « heureux » possesseur a une vocation toute tracée.

Le mot s'est ensuite « laïcisé », pour devenir progressivement synonyme de « pouvoir », de « séduction » et d'« ascendance » d'une personne sur son public (c'est par exemple l'image du tribun qui, par son discours, enflamme les foules). Plus généralement, *Le Petit Robert* définit le charisme comme « une qualité qui permet à son possesseur d'exercer un ascendant, une autorité sur un groupe ».

Selon le sociologue et économiste allemand Max Weber, le leader charismatique est l'étranger, l'individu hors du commun qui annonce des temps nouveaux et renverse l'ordre établi. Cet être exceptionnel sait mobiliser hommes et femmes : ils croient en lui et adhèrent à sa vision. Cependant, c'est aussi celui qui introduit le chaos et fait courir des risques à ceux qu'il entraîne à sa suite, celui qui brise les règles et introduit la subversion… Vu sous cet angle, le charisme n'est donc pas toujours un talent facile à assumer.

Des personnages charismatiques très différents

Le charisme suscite à la fois l'espoir (une vision, une nouvelle mission) et la peur (le changement, le chaos possible, la remise en cause). Les images positives de certaines personnes, comme Mère Teresa, sont contrebalancées par celles de Hitler ou de Mussolini.

Si, classiquement, le charisme est souvent associé à l'art oratoire, sa facette la plus visible, il peut s'exprimer de diverses manières : écrits ou entretiens en petits groupes (approches persuasives). Le charisme du chef de projet, qui n'a pas à prononcer de long discours devant une large assemblée, se traduit ainsi davantage par son influence auprès de ses collègues, exercée principalement en face à face.

Par ailleurs, un article de la revue *Management* datant d'avril 2006 décrit six formes de charisme, cette liste n'étant bien sûr pas exhaustive :

- le tribun (Jean-François Dehecq de Sanofi-Aventis) qui impressionne par sa stature, sa voix, sa gestuelle ;

- le passionné (Michel-Édouard Leclerc) qui, habité par ses idées, convainc par sa sincérité ;
- le visionnaire (Steve Jobs d'Apple), qui fait rêver et entraîne loin son auditoire ;
- la séductrice (Ségolène Royal), qui rend ses interlocuteurs importants à ses yeux ;
- le guerrier (Nicolas Sarkozy), qui impressionne par son énergie ;
- l'énigmatique (Maurice Levy de Publicis), qui sait écouter et... être discret à la fois.

Toutes les personnes charismatiques, quelle que soit leur forme de charisme, partagent néanmoins quelques caractéristiques :

- elles croient en ce qu'elles disent ou font ;
- elles transmettent un message avec passion ;
- elles donnent à leurs interlocuteurs un sentiment d'écoute et de partage (le blog de Michel-Édouard Leclerc est très couru[1]) ;
- elles partagent leurs émotions.

Les leaders cités par le magazine ne sont pas tous nés avec ce talent. Ils ont su le cultiver avec le temps. Une étude de l'EDHEC auprès de dirigeants montre que ceux-ci considèrent que le leadership et le charisme sont innés. Paradoxalement, 71 % de ces mêmes dirigeants, interrogés sur leur définition du leadership, pensent qu'il repose sur des compétences interpersonnelles (communication, motivation, empathie, écoute) qui peuvent s'apprendre. C'est toute la contradiction de cette terminologie...

Le sens du leadership

Au sens managérial du terme, le *charisme* est souvent associé au *leadership*. Une définition de ce dernier mot pourrait être la « capacité qu'un individu démontre à influencer les autres pour qu'ils agissent d'une certaine manière (direction, comportement...) ». Le leader sait aller au-delà des positions établies.

---

1. www.michel-edouard-leclerc.com.

L'orientation vers un but

L'étymologie du mot *leadership* est intéressante. Ses racines plongent à la fois dans les vieilles langues scandinaves et dans l'allemand médiéval, et signifient :

- porter une charge (avec l'idée de service rendu aux autres) ;
- faire preuve d'héroïsme (avec une connotation dramatique).

Comme pour le charisme, ce terme porte à la fois un sens « religieux » et un sens laïc. D'ailleurs, aujourd'hui, ces deux mots ont de nombreux points communs :

- la passion partagée ;
- l'ascendance et l'influence sur les autres ;
- la notion de message à transmettre.

Cependant, on observe aussi des différences :

- le leader est un meneur, un chef de file influent et écouté, qui conduit des personnes vers un but ;
- la personne charismatique (au sens strict) a une influence plus affective (attention, son objectif n'est pas forcément égocentrique).

Selon ces définitions, un leader peut ne pas avoir de charisme, et quelqu'un de charismatique peut ne pas être un leader au sens managérial du terme, mais une « conscience ».

Le leader n'est pas toujours celui qu'on croit

Il existe différents modes de leadership. En voici une classification, extraite de la théorie organisationnelle d'Éric Berne[1] :

- Le **leader responsable** est la personne à laquelle l'autorité et la responsabilité ont été officiellement confiées. Son leadership se mesure à sa capacité à prendre des décisions auxquelles personne n'oppose de veto et à appliquer des sanctions et des récompenses irrévocables.

---

1. *Structure et dynamique des organisations et des groupes* d'É. Berne (cf. bibliographie en fin d'ouvrage).

- Le **leader effectif** a les mêmes capacités que le leader responsable, mais n'est revêtu d'aucune autorité formelle. À côté du chef de projet (le leader responsable), un responsable de sous-partie peut, par son expérience et la confiance que lui accordent à la fois le leader responsable et ses collègues, jouer ce rôle.

- Le **leader psychologique** est celui vers lequel chacun se tourne en cas de conflit. Il ne détient pas d'autorité formelle, mais sa parole a du poids.

- Le **leader primal** est le fondateur ou l'inspirateur de l'organisation. Il est souvent absent physiquement de l'entreprise (ou même décédé), ce qui n'empêche pas que l'on fasse constamment référence à lui. Il peut s'agir à ce sujet des « dogmes » de l'organisation (« le standard chez nous, c'est... ») ou de la capacité à agir différemment (« il disait toujours : adaptez-vous au client et changez en conséquence... »).

Il est évident que le charisme d'un leader responsable n'est pas de même nature que celui d'un leader psychologique. Ainsi, une personne discrète, souriante, disponible pour les uns et les autres peut devenir un véritable leader psychologique. Son secret ? Écouter, poser des questions et aider ses interlocuteurs à trouver eux-mêmes des solutions à leurs problèmes.

Tous ces leaders jouent un rôle important au sein d'un groupe. Aussi, interrogez-vous :

- Êtes-vous capable de reconnaître ces formes de leadership dans votre équipe ?

- Le leader effectif se confond-il avec le leader responsable ? Si non, pourquoi ?

- Le leader psychologique a-t-il un impact positif ou négatif sur le groupe ?

- Quels messages subsistent du ou des leaders primaux ?

Pourquoi accroître son influence ?

Peut-être vous dites-vous : « Après tout, je suis chef de projet et je manage une partie de l'équipe concernée. Alors, pourquoi développer mon charisme ? »

Il est vrai qu'en tant que chef de projet, vous êtes formellement désigné et avez un pouvoir légitime qui dérive de l'autorité inhérente à votre position (par exemple celui de récompenser ou au contraire de sanctionner). Vous devriez donc être un leader naturel, reconnu et respecté, et pourtant, ce n'est pas toujours le cas ! Le métier de chef de projet, avec ou sans management hiérarchique de son équipe, n'est pas une sinécure…

La structure de l'entreprise est devenue plus floue, plus incertaine et plus mobile qu'autrefois. Les réseaux d'influence ont changé, ils étaient plus feutrés, se limitant principalement aux responsables directs, ou aux collègues au sein d'un service. Le travail en mode transverse est aujourd'hui beaucoup plus courant, et l'influence d'un chef de projet peut s'étendre bien au-delà des limites de son propre département.

Par ailleurs, la culture managériale française reste encore fortement marquée par l'autorité. Aussi pouvez-vous éprouver des difficultés à avoir du poids sur des collaborateurs qui ne sont pas directement sous vos ordres. Ces personnes ne sont pas spécialement récalcitrantes, toutefois, « coincées » entre leur responsable hiérarchique et vous, elles peuvent être fortement sollicitées, et en jouer.

Même si un équipier est convaincu de l'importance d'un projet, son implication au quotidien et sa volonté de surmonter les obstacles seront liées à sa motivation. En effet, il ne suffit malheureusement pas de dire aux gens ce qu'ils doivent faire pour qu'ils le fassent. De plus, le caractère temporaire des équipes implique que les chefs de projet sachent immédiatement adapter leur comportement à leurs collaborateurs. Enfin, avec la fragilisation croissante du lien entre les salariés et leur entreprise, ces derniers souhaitent être davantage respectés et écoutés qu'auparavant. Ils veulent donc être encadrés par des chefs qu'ils ont envie de suivre.

Au vu de ces raisons, vous n'aurez donc que des avantages à accroître votre influence tous azimuts pour motiver vos troupes !

Les leçons de l'expérience

Le leader charismatique sait animer ses troupes, transmettre son enthousiasme avec passion, mais aussi prendre en compte les besoins de chacun. Il guide ses équipiers vers un but qu'il compte absolument atteindre.

À côté du leader responsable, qui détient officiellement les rênes du projet, cohabitent d'autres formes de leadership (leader psychologique, leader effectif, leader primal). Au lieu de les ignorer, apprenez à les reconnaître pour les utiliser de manière efficace.

Certes, vous pouvez être un leader sans charisme, mais le développement de votre influence vous aidera à obtenir de vos équipiers le meilleur d'eux-mêmes. Ils seront davantage motivés et donc disponibles (dans un contexte de travail en mode transverse où ils sont fortement sollicités) pour mener à bien un projet si vous leur donnez envie de vous suivre.

Trois écueils à éviter

Croire que le charisme est inné
Nous avons tous plus ou moins de charisme, sous des formes différentes. À vous de cultiver la vôtre !

Penser que le charisme se limite au talent oratoire
L'art oratoire n'est qu'une des expressions du charisme. C'est la plus visible, peut-être, mais, comme un iceberg, ce n'est pas la plus importante...

Ne considérer que le leader responsable
Tous les types de leader ont un poids au quotidien sur une équipe : ne négligez pas ceux qui ne sont investis d'aucune autorité formelle.

Trois conseils à méditer

Développer son charisme prend du temps, mais permet d'en gagner
Des équipiers motivés feront avancer le projet bien plus vite !

Votre charisme agit aussi sur vos supérieurs
Ne croyez pas que seules les personnes sous vos ordres sont sensibles à votre charisme, il s'exerce sur tous ceux qui vous entourent.

Il n'y a pas que le chef de projet qui peut être un leader charismatique
Un collaborateur expérimenté et reconnu peut tout à fait jouer un rôle de leader psychologique.

Analysez la structure de votre équipe

Pour déterminer quel leader vous êtes aux yeux de votre équipe, intéressez-vous à la structure de votre équipe. Celle-ci peut se décomposer en une structure publique et une structure privée.

La structure « publique » est officiellement définie. Elle fait l'objet d'un organigramme, les fonctions de chacun sont précisément décrites.

- Quel est l'organigramme officiel de votre équipe ?
- Tous les postes prévus sont-ils pourvus ?
- Si ce n'est pas le cas, quels sont les mécanismes de compensation envisagés ?

La structure « privée » (ou *imago*[1]) correspond à la représentation que chaque membre se fait de l'équipe. Chacun s'alloue ainsi une place et en alloue une au leader responsable. Les autres membres de l'équipe se retrouvent « affectés » soit dans des emplacements différenciés (« André, l'expert Linux »), pour ceux qui ont une spécificité, soit dans des emplacements indifférenciés (« les autres »). Plus les membres de l'équipe ont une vision différenciée les uns des autres, plus la productivité au sein du groupe sera importante.

Tentez de percevoir :

- ce que disent les membres de votre équipe les uns des autres ;
- qui ils perçoivent comme leader ;
- si votre propre représentation est en accord avec la leur.

Le but est bien sûr que tout le monde ait la même représentation de l'équipe. Ce n'est pas toujours évident, car les membres de l'équipe pouvant être issus de domaines différents, ils peuvent avoir du mal à comprendre le travail des autres et à se positionner par rapport à eux.

Enfin, sachez que cette représentation est évolutive. Vous pouvez par votre comportement et vos actions la faire progresser dans le temps :

- Quelle représentation souhaitez-vous que vos équipiers aient des rôles de chacun ?
- Que faire pour améliorer leur représentation (travaux collectifs sur l'image de l'équipe) ?
- Comment mesurer cette évolution ? Vous pouvez par exemple :
  — chercher à mieux connaître chaque membre du groupe pour percevoir ce qu'il a de commun avec vous ;

---

1. Terme issu de *Structure et dynamique des organisations et des groupes* d'E. Berne (voir bibliographie en fin d'ouvrage).

— essayer de comprendre la manière dont fonctionnent les liens relationnels entre chaque membre du groupe ;

— vous faire reconnaître comme membre de l'équipe à part entière
(chacun sait ce qu'il peut attendre ou obtenir de vous).

Un leadership sur mesure

Vous savez désormais que le leadership et le charisme peuvent se développer. Vous allez maintenant apprendre à reconnaître les différentes formes de leadership et les situations propices à leur application.

Histoire vécue

Antoine prépare tranquillement les entretiens d'évaluation de ses chefs de projet. Il compare les objectifs fixés l'année précédente à ceux réalisés à mi-année et note ses remarques. Ce qui l'amuse et l'intrigue à la fois, c'est de rapprocher ces éléments pour deux de ses collaborateurs : Jean et Maryse. Collègues depuis plusieurs années, ces deux-là coopèrent souvent. Pourtant, c'est le mariage de l'eau et du feu.

Jean, plutôt calme, est capable de gérer plusieurs gros projets en même temps, d'animer ses équipes et de faire face sereinement aux multiples sollicitations des donneurs d'ordre et des autres parties prenantes. Son ton posé, son attitude bienveillante, sa manière paisible de gérer le quotidien le rendent populaire auprès de ses équipes. Celles-ci apprécient l'écran protecteur qu'il met entre leur activité et le bouillonnement de l'entreprise. Antoine se dit même que Jean a du charisme : il est capable de faire « passer » des décisions difficiles à ses équipiers qui le suivent presque comme un père. Même lors des réunions de service, ses collègues sont attentifs à ses rares déclarations : il joue un rôle de rassembleur, de pacificateur porteur de messages positifs. Dans son comportement, un point à améliorer apparaît cependant : la gestion des situations de crise. Dans ce type de contexte, Jean devient subitement sourd, hésitant et incapable de prendre la moindre décision. Antoine a observé ce phénomène plusieurs fois et, depuis, il fait attention aux projets qu'il lui confie.

« C'est tout le contraire de Maryse, se dit-il en regardant ses notes. Peut-être est-ce pour cela qu'ils s'entendent si bien ? » Maryse est le mouvement fait femme : toujours en action, prête à battre des records de délai, elle pousse ses équipes – voire les épuise – en leur imposant un rythme soutenu. Elle est d'ailleurs plus crainte et respectée qu'aimée. Toutefois, ses équipiers lui reconnaissent une qualité : sa *maestria* durant les tempêtes. Lorsque les délais explosent, que les décisions sont remises en cause et les équipes dans l'expectative, Maryse se révèle. Elle fait preuve à la fois de charisme et de leadership, entraînant tout le monde avec elle. Ses collaborateurs la suivent alors presque aveuglément – même si ses décisions sont parfois osées –, tellement elle les galvanise.

« En y pensant, se dit Antoine, le paradis pour moi, ce serait Jean en période calme et Maryse lors des "coups de vent". En revanche, l'inverse nous projetterait en enfer. » Au-delà de la plaisanterie, cette réflexion l'interpelle : « Y a-t-il un leadership de paix et un leadership de guerre ? Après tout, les grands hommes en temps de guerre se révèlent peu à l'aise en période de paix (et vice versa)... Jean pourrait-il aussi être charismatique lors des crises ? »

Antoine reprend ses notes. Son expérience des entretiens annuels lui a fait consigner au cours de l'année des événements qui l'ont marqué.

Jean – Cas n° 1

Marco, depuis quelques années dans l'entreprise, avait changé de fonction malgré lui, à la suite d'une réorganisation. Cet ingénieur doué connaissait bien la société et ses produits. Cependant, issu d'une équipe plus orientée sur la « technique pure », il n'avait jamais réellement travaillé en mode projet. Comme l'équipe de Jean l'avait souvent côtoyé dans le cadre de ses fonctions précédentes, tout le monde le connaissait et pensait qu'il était immédiatement opérationnel. Or, il se révéla réticent à travailler en mode projet et peu impliqué (il demanda sa mutation très peu de temps après son arrivée dans le service). Jean ne réussit pas à le remotiver, et Antoine dut le prendre à part et le recadrer. Il dut même intervenir plusieurs fois pour régler des litiges durant les quelques mois où Marco resta dans le service (il quitta finalement l'entreprise).

Jean – Cas n° 2

À l'opposé, alors qu'un projet important accusait un sérieux retard suite à des changements de consignes, Jean sut construire avec ses collaborateurs un plan de rattrapage très efficace. Antoine fut même admiratif de l'autonomie croissante que Jean réussit à insuffler rapidement à son équipe.

Maryse – Cas n° 1

Suite à une épidémie de grippe qui avait laissé au lit la moitié de son équipe, Maryse sut elle aussi prendre les dispositions adéquates pour ne pas laisser le retard s'accumuler. Elle fut directive, redistribuant les tâches prioritaires aux uns et aux autres, sans trop d'états d'âme. Sa méthode un peu expéditive porta finalement ses fruits, comme ses collaborateurs le reconnurent eux-mêmes par la suite.

Maryse – Cas n° 2

En revanche, Maryse eut plus de difficultés avec Louise, une technicienne expérimentée qui n'appréciait guère les directives et l'énervait en répétant à qui voulait l'entendre : « Moi, je ferais différemment... » Antoine observa que c'est Jean qui, plusieurs fois, atténua la tension entre les deux femmes en jouant le conciliateur.

Les cas de ce genre ont été nombreux. Antoine cherche à travers eux une clé de lecture qui lui permette d'identifier les contextes favorables à l'un ou l'autre de ses chefs de projet.

_____ **Les questions-clés** _____

Antoine touche du doigt la réponse à des questions abordées dans la pratique n° 1. Nous avons tous du leadership et du charisme, encore devons-nous être dans un contexte qui nous permette de les mettre en œuvre...

?   Comment reconnaître sa forme de leadership ?

?   Est-elle proche du leadership charismatique ?

?   Quelle forme de leadership adopter en fonction des situations ?

Les trois principaux styles de leadership

Votre éducation, votre formation et vos expériences en entreprise (notamment lors des premières difficultés rencontrées) ont façonné votre leadership.

Utilisons les approches de Douglas Mc Gregor[1] (théorie XY) et de William Ouchi[2] (théorie Z) pour distinguer plusieurs types de leadership.

Les leaders de type « X » considèrent que l'homme est naturellement partisan du moindre effort. Il n'aime pas le travail et avance seulement par le truchement du bâton (ordre, menace) et de la carotte (récompense ou simple absence de punition). Il préfère être dirigé, évite les responsabilités, n'a guère d'ambition et veut par-dessus tout être en sécurité. Cette conception de l'être humain induit un mode de management directif, particulièrement adapté aux contextes de crise ou d'urgence, ou bien en face de collaborateurs démotivés.

Les leaders de type « Y » ont une conception plus optimiste de leurs collaborateurs. Ils estiment que ceux-ci sont prêts à donner le meilleur d'eux-mêmes sous réserve qu'ils aient des conditions optimales de travail et de motivation. Ce style de leadership est approprié si vous cherchez à obtenir des contributions et des remontées de vos équipiers. Il convient donc dans les situations complexes avec des collaborateurs compétents, lorsqu'une adaptabilité et un retour d'informations permanents sont nécessaires.

Les leaders de type « Z » ont un mode d'animation adapté de l'approche XY à la lumière du mode de management à la japonaise. Dans ce contexte, le leader, après avoir défini les objectifs généraux

---

1. Professeur au MIT, Douglas Mc Gregor (1906-1964) formula des théories, issues d'observations empiriques, autour du lien entre la conviction des dirigeants sur la nature humaine et leur mode de direction.
2. William G. Ouchi, professeur américain, enseigne le management et l'organisation. Dans les années 1980 et 1990, il a conduit de nombreuses études sur le succès alors foudroyant du Japon et les leçons à en tirer. Son livre le plus célèbre est *La théorie Z* (cf. bibliographie en fin d'ouvrage).

© Groupe Eyrolles

et les lignes directrices du projet, donne à ses collaborateurs une grande autonomie pour atteindre leurs objectifs. Ce style fonctionne bien avec des professionnels expérimentés.

Avec la montée des entreprises chinoises et indiennes, le management à l'américaine (types X et Y), autrefois hégémonique, apparaît de plus en plus comme une forme possible de leadership parmi d'autres.

	Mc Gregor		Ouchi
	X Leader autoritaire	Y Leader participatif	Z Leader qui délègue
Prise de décision	Autocratique	Qui implique les autres	Dans le consensus
Tâches	Structurées	Flexibles	Ouvertes
Responsabilité	Centralisée	Partagée	Collective
Contrôle	Fort	Formel	Implicite
Évaluation des résultats	Rapide et directe	Régulière	Lente

Quelles formes de leadership employer ? Si sur le papier, les leaderships Y ou Z paraissent les plus attrayants, ils ne donnent pas forcément les meilleurs résultats.

Votre première tâche consiste à bien apprécier votre style de leadership, celui dans lequel vous êtes le plus à l'aise et le plus efficace.

La force du leader charismatique

Parmi les types de leaders cités ci-dessus, seuls les leaders Y et Z ont besoin de charisme pour mener leurs équipes à bon port. Si le leadership charismatique est la forme la plus complète de management, elle n'est pas adaptée dans tous les cas.

Le leader charismatique vise un idéal. Il est capable de transmettre cet objectif d'une manière que chacun peut comprendre, en faisant appel à la fois à la raison et aux émotions. Il se caractérise en effet par sa capacité à convaincre, communiquer et séduire : il sait écouter, se mettre à la portée de chacun et donne envie d'appartenir à son équipe. Cela suppose de sa part de fortes convictions.

Quelles aptitudes faut-il posséder pour devenir un leader charismatique ?

Des compétences techniques et intellectuelles reconnues

La compétence technique est à la base de tout. Dans la culture française, le chef est « celui qui sait », en particulier dans le domaine technique. Or les avancées technologiques sont tellement rapides de nos jours qu'il est impossible de tout connaître. Par ailleurs, vous n'en saurez jamais autant que vos collaborateurs dans les domaines qu'ils étudient tous les jours, et ce n'est de toute façon pas ce qu'ils attendent de vous. En revanche, vous devez être capable de combiner les différentes expertises entre elles. Après tout, vous pouvez bien savoir conduire une voiture, sans pour autant posséder un CAP de mécanique.

Les compétences intellectuelles du leader charismatique sont principalement des facultés de synthèse et d'anticipation. Prenons l'exemple d'un voilier, qui se déplace en tirant des bords (donc en zigzag, jamais tout droit). Les marins doivent savoir effectuer ces manœuvres, tandis que le rôle du capitaine est de garder le cap vers la terre visée, bien au-delà de chaque bordée. En tant que « capitaine de projet », cela ne vous empêche pas de laisser un plus ou moins grand degré d'autonomie à vos collaborateurs, dans le cadre de lignes directrices que vous aurez fixées.

Des capacités relationnelles qui font la différence

Si les compétences techniques et intellectuelles caractérisent tous les types de leader, la dimension relationnelle est le propre du leader charismatique. Il est en effet à la fois :

- un exemple. Ses gestes et ses actions sont en harmonie avec ses paroles. Cela ne signifie pas qu'il est un « saint », mais simplement qu'il fait ce qu'il dit et effectue des choix cohérents ;

- un lien, car il réunit les gens autour de lui et autour d'un projet, d'un but ou d'une idée commune ;
- celui qui dynamise les membres de son équipe, en leur donnant envie de se surpasser (pour cela, l'objectif assigné doit être reconnu comme accessible et valorisant). Ses collaborateurs n'y parviendront que s'ils se sentent épaulés et reconnus.

Quelle forme de leadership adopter ?

Il n'y a pas de bon ou de mauvais leadership : chaque forme est plus ou moins adaptée aux besoins des personnes et aux situations rencontrées.

Selon les collaborateurs

Il est bien connu qu'il vaut mieux être riche et en bonne santé que pauvre et malade. De la même manière, le leader charismatique a plus d'écho auprès de personnes prédisposées à bien faire, possédant de l'expérience et un bon niveau de compétences. Même avec la meilleure volonté du monde, certains métiers ne s'apprennent pas d'un simple claquement des doigts.

Par ailleurs, la nature même du projet qui vous est confié peut être aussi un facteur limitant. Il peut en effet être très normé, voire répétitif : votre marge de manœuvre est alors étroite. Dans le même esprit, l'organisation générale de l'entreprise peut vous desservir, si elle repose sur des règles formalisées et des procédures strictes à respecter.

Il est possible de définir quatre types de collaborateurs à partir du niveau de leurs compétences et de leur volonté de bien faire.

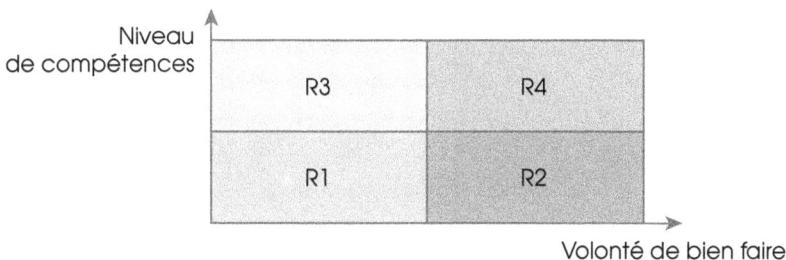

Les leaderships les plus efficaces selon le type de collaborateur à qui vous avez affaire sont présentés dans le tableau suivant.

Avec un collaborateur de type	Adoptez un style de leadership
R1 Incapable de faire le travail et parfois même réticent	**Directif (style X)** Mettez l'accent sur les tâches et contrôlez systématiquement leur réalisation.
R2 Incapable de faire le travail, mais décidé à réussir	**Autoritaire et participatif à la fois (style X et Y)** Mettez l'accent sur les tâches, mais en suivant leur réalisation de loin. En parallèle, instaurez des modes de reconnaissance positive ou négative centrés sur la tâche (cf. pratique n° 6).
R3 Capable de faire le travail, mais ne souhaitant pas recevoir d'ordre du leader	**Participatif (style Y)** Prenez en compte son avis, car il a un niveau de compétences élevé.
R4 Capable de faire le travail et volontaire	**Délégatif (style Z)** Adaptez-vous à son souhait d'autonomie. Ne la négligez pas sous prétexte qu'elle ne fait pas appel à vous. Même les équipiers autonomes dans les faits ont plus ou moins besoin d'attention.

Selon les situations

Certains contextes se prêtent particulièrement au leadership charismatique.

	Leadership charismatique		
	Leadership autoritaire « X »	Leadership participatif « Y »	Leadership délégatif « Z »
Conditions favorables	Urgence ou conflit Prise de poste Forte réorganisation	Besoin d'idées nouvelles Nécessité de fédérer l'équipe Vitesse de croisière atteinte Objectifs à moyen ou long terme	Contexte stable Surcharge de travail Collaborateurs autonomes souhaitant continuer à progresser
Risques si les conditions sont inappropriées	Le collaborateur sera démotivé et ne prendra plus d'initiative. Tout le monde perdra du temps.	Le collaborateur perdra de vue ses repères et ses objectifs. Il sera incapable de prendre une décision rapide.	La situation deviendra incontrôlée. Les objectifs ne seront pas atteints.

Avec la montée des femmes dans les hiérarchies, apparaît une différence significative dans les formes de leadership. En général, les femmes ont un style plus participatif, elles partagent plus facilement le pouvoir et influencent par leur charisme, leurs contacts et leur savoir-faire relationnel. Les hommes favorisent davantage le leadership orienté sur la tâche, ils s'appuient sur leur pouvoir pour contrôler les activités et tendent à s'imposer par la force.

Osez progresser !

Vous ne jonglerez pas du jour au lendemain avec les différents styles de leadership, un peu d'entraînement sera nécessaire. Progresser, c'est vous mettre en condition d'apprentissage et vous fixer des axes d'amélioration, en acceptant quelques règles.

Tout d'abord, **développez votre confiance en vous et ne vous sous-estimez pas** : vous connaissez sûrement des personnes qui s'excusent dix fois avant de dire quelque chose. Alors qu'elles pensent peut-être faire preuve d'humilité, elles ne font qu'exaspérer leurs interlocuteurs.

Ensuite, **sollicitez les critiques positives** (celles qui font avancer). Certaines critiques expriment des jugements (« tu n'y arriveras pas »), d'autres de la compassion (« je n'aimerais pas être à ta place »). Heureusement, il en existe d'autres qui peuvent être constructives, à condition de vouloir les entendre (« as-tu essayé telle approche pour contourner l'obstacle en termes de délai ? »). Si, au lieu de chercher une approbation, vous demandez autour de vous, lorsque vous émettez une idée : « Qu'y voyez-vous comme défaut ? Comment puis-je l'améliorer ? », vous aurez des chances d'entendre des critiques positives.

Par ailleurs, **acceptez de ne pas être parfait**. Dans notre culture, nous cherchons à être bons partout. Les entretiens d'évaluation annuels portent d'ailleurs principalement sur les points à améliorer. Toutefois, cela commence à changer, et une nouvelle approche suggère plutôt de faire fructifier les points forts et de compenser d'une autre manière les points faibles (en travaillant en binôme par exemple).

Enfin, **préférez, en tant que chef de projet, être respecté plutôt qu'aimé** (sur le plan privé, c'est une autre histoire !). Certains ont un trop grand besoin d'être aimé, qui peut les conduire à commettre des fautes (par exemple ignorer volontairement les erreurs d'un collaborateur alors qu'elles retardent le groupe, prendre en charge des tâches qui ne sont pas de leur ressort…).

Les leçons de l'expérience

Le leader charismatique prend en compte les spécificités de ses collaborateurs (compétences, personnalité, capacité à travailler en groupe) et son travail au sens large (objectifs, structure existante,

évolution de l'environnement) pour au final atteindre son but rapidement avec des collaborateurs satisfaits. Il s'appuie sur ses compétences techniques et intellectuelles, mais surtout sur sa capacité à
rassembler son équipe autour de lui et à lui donner envie de se
dépasser. Son comportement a valeur d'exemple.

Sur le plan pratique, il est intéressant de moduler son style de leadership en fonction des personnes et des situations rencontrées, en
choisissant parmi les trois types suivants :

- le leadership autoritaire (en cas de crise, ou avec des collaborateurs démotivés…) ;
- le leadership participatif (face aux situations complexes et aux
  collaborateurs dispersés…) ;
- le leadership délégatif (dans un contexte stable, avec des professionnels expérimentés).

Trois écueils à éviter

Penser qu'un leader n'a pas besoin de compétences techniques
Pour vous faire reconnaître en tant que leader, une certaine maîtrise du domaine concerné par le projet est indispensable.

Utiliser toujours le même style de leadership
Toutes les formes de leadership n'auront pas la même efficacité selon la personnalité des collaborateurs et le contexte. Ce serait dommage de ne pas choisir le style approprié...

Ne pas adapter son comportement à ses paroles
N'oubliez pas qu'une certaine cohérence doit se dégager de vous pour que vos équipiers aient envie de vous suivre.

Trois conseils à méditer

Vous devez être un exemple pour vos équipiers
« Tout groupe humain prend exemple sur l'individu qui le dirige. Travaillez beaucoup, soyez exigeant, multipliez les contacts avec vos collaborateurs pour qu'ils sentent votre présence. Ils en feront autant que vous, voire plus[1]. »

Le leader charismatique s'occupe aussi du quotidien
Impliquez-vous au sein de votre équipe et soyez disponible pour ceux qui ont besoin de vous.

C'est le regard des autres qui vous fait progresser
Rien n'est acquis, acceptez de vous remettre en cause !

---

1. Jack Welch, l'ancien dirigeant du groupe américain General Electric, exprimait ainsi sa philosophie dans *Ma vie de patron* (cf. bibliographie en fin d'ouvrage)

Êtes-vous plutôt un leader de style X, Y ou Z ?

Pour le savoir, attribuez à chacune des affirmations du tableau une note selon le barème suivant :

0 = jamais, 1 = rarement, 2 = parfois, 3 = souvent, 4 = généralement, 5 = toujours.

	En tant que chef de projet...	Nombre de points
1	j'aime bien structurer les tâches de chacun.	
2	je fixe seulement de grandes lignes directrices.	
3	seul le résultat compte.	
4	j'aime que mes collaborateurs contrôlent eux-mêmes leur travail.	
5	je pense qu'un projet ne peut réussir que si les décisions sont centralisées.	
6	j'aime faire participer les membres de mon équipe aux décisions.	
7	je laisse mes collaborateurs libres de prendre les décisions qui les concernent.	
8	j'accepte les propositions de redistribution des tâches.	
9	j'aime pouvoir suivre de façon précise la réalisation des tâches.	
10	je laisse carte blanche à mes collaborateurs pour inventer de nouvelles méthodes.	
11	je considère que le contrôle est un outil de dialogue.	
12	je laisse les membres de l'équipe se répartir le travail entre eux.	
13	j'évalue les résultats atteints chaque semaine.	
14	j'organise des réunions régulières pour favoriser un climat harmonieux au sein de l'équipe.	
15	je transmets surtout à mes équipiers une vision à long terme et je tente de donner un sens aux tâches à effectuer.	
16	je planifie le travail de chacun.	

17	j'encourage en permanence mes collaborateurs.	
18	je suis toujours disponible, même si je ne veux pas m'occuper du quotidien.	
19	je demande à mes équipiers leur avis sur tout.	
20	je trouve normal de faire pression sur mes collaborateurs.	
21	je mets un point d'honneur à ce que mes équipiers voient leurs compétences progresser.	

Reportez ensuite vos points dans le tableau ci-dessous pour chaque question.

Leader X		Leader Y		Leader Z	
1		6		2	
3		8		4	
5		11		7	
9		14		10	
13		17		12	
16		19		15	
20		21		18	
Total		Total		Total	

Faites le total colonne par colonne :

- un score supérieur à 28 dans une colonne implique une forte dominante du type de leadership concerné ;
- un score entre 19 et 27 indique une tendance ;
- un score entre 8 et 18 indique un faible usage ;
- un score inférieur à 7 indique un non-usage.

Bâtir une vision pour le projet

Vous avez maintenant identifié votre style de leadership et possédez une idée plus claire des situations dans lesquelles vous pouvez l'exercer. Plein de bonnes intentions pour vous adapter, vous êtes prêt à progresser. Nous allons maintenant aborder la motivation de vos collaborateurs. Leur profil qualifié fait que la plupart d'entre eux ne peuvent réellement s'investir au jour le jour sans comprendre le sens de leurs actions. Voyons comment « éclairer » leurs tâches au quotidien.

Histoire vécue

Jusqu'alors, Nathalie a été d'aventure en aventure dans sa carrière professionnelle. Embauchée dans l'industrie automobile il y a douze ans un peu par hasard, elle a vécu comme ingénieur projet, puis comme chef de projet, nombre des révolutions qui ont bouleversé notre moyen de transport préféré. Elle travaille en effet sur les applications de l'électronique dans l'automobile, un domaine sans arrêt remis en cause par les avancées technologiques.

Grâce aux formations dont elle a pu bénéficier et à sa curiosité naturelle, elle a suivi sans difficulté jusqu'à présent les évolutions techniques successives. Cela lui a permis d'être toujours en charge de projets novateurs, ce qui lui donne le sentiment d'être à la pointe du progrès.

Dans ces conditions, elle n'a pas de mal à être motivée et à dynamiser ses équipes successives (celles-ci sont d'ailleurs très fières de participer à ces aventures valorisantes).

Toutefois, Nathalie vient d'apprendre qu'elle doit animer une équipe sur un projet d'équipement « au moindre coût ». Elle traduit cela par « rechercher les solutions existantes les moins chères possibles », ce qui ne suscite guère son intérêt d'un point de vue technique. En bref, elle va devoir fournir un travail de fourmi pour, à la fin, économiser sur tout dans l'espoir d'atteindre les gains escomptés. Le contraste avec ses précédentes missions est rude !

Après avoir inondé en vain de questions son nouveau responsable, afin de comprendre pourquoi elle subit un tel sort, Nathalie plaide sa cause auprès de la direction des ressources humaines. Elle estime qu'elle est victime d'une rétrogradation en termes de compétences : « Ce projet est pour un bricoleur qui aime faire des économies de bouts de chandelle. Après tout ce que vous avez investi dans ma formation, c'est du gâchis ! De plus, des technologies révolutionnaires arrivent actuellement sur le marché… » Son interlocuteur souligne le fait qu'elle a été récemment augmentée et lui suggère de prendre cette nouvelle fonction comme un élargissement de ses compétences. Elle ressort de son bureau peu convaincue…

Nathalie commence à présenter à son équipe leur nouveau projet. Malgré sa volonté de bien faire (et de ne pas montrer son désarroi), le cœur n'y est pas. Ses équipiers n'étant pas plus motivés qu'elle, le travail n'avance pas et les récriminations sont nombreuses.

Un jour, lors d'une réunion, elle se retrouve assise à côté du directeur de la stratégie. Comme elle lui explique ses nouvelles fonctions, elle est surprise de l'entendre la féliciter. Elle retourne le voir quelque temps plus tard et lui demande pourquoi l'entreprise, si réputée pour son avancée technologique, s'intéresse à de telles approches (sa question sous-entend en réalité : « Pourquoi êtes-vous content que je m'en occupe ? »). Sans lui répondre directement, le directeur lui fournit quelques articles de presse et des études techniques sur le sujet, en lui conseillant de les lire avant de revenir en discuter avec lui.

Nathalie commence à parcourir les documents distraitement, puis, très vite, s'immerge dedans. Elle apprend ainsi :

• que si les innovations technologiques continuent à affluer à grande vitesse, les clients, eux, sont de plus en plus perplexes devant la complexité et le coût des réalisations ;

- que les marchés de l'automobile dans les pays développés sont matures. La véritable expansion se fait donc dans des pays comme l'Inde ou la Chine. Or cette nouvelle clientèle veut des véhicules plus simples, moins chers et surtout robustes. Cela signifie non seulement réduire les coûts, mais aussi repenser les produits ;
- que tous les concurrents mettent leurs meilleures équipes sur ces projets porteurs d'avenir.

Nathalie, intriguée, poursuit ses recherches : elle appelle des collègues qui travaillent en Asie et consulte de nombreux sites Internet. Elle finit alors par comprendre que sa direction lui a offert une « promotion » en la faisant travailler sur ce chantier d'avenir. C'est un signe de reconnaissance et non de rejet !

De plus en plus excitée par ce projet (la voiture à 3 000 €[1] !), elle communique le résultat de ses recherches – et son enthousiasme – à ses collaborateurs, qui imaginent alors le futur de tels véhicules. Ils pourraient être les premiers dans l'entreprise, et peut-être dans l'industrie, à trouver les solutions adéquates ! La motivation revient, et l'équipe se remet avec ardeur à l'ouvrage.

___ Les questions-clés ___

Avec cette expérience, Nathalie prend conscience de l'importance du sens du travail aujourd'hui. Parfois, le sens d'une tâche est évident pour tous, mais il arrive souvent qu'il soit compris différemment par chacun. On comprend ici la nécessité, pour le chef de projet, de transmettre à son équipe une vision.

? Pourquoi bâtir une vision ?

? Comment la construire ?

? Comment la communiquer avec ferveur ?

---

1. Carlos Ghosn, PDG de Renault, a annoncé qu'il étudiait la réalisation d'un véhicule à 3 000 USD (2 300 €) suite à l'annonce par le groupe indien Tata de la commercialisation d'un véhicule à 2 000 € l'année prochaine (source : *Les Échos*, 5 juillet 2007).

Pourquoi bâtir une vision ?

Bâtir une vision peut vous sembler un luxe, quand, pressé par le temps, vous menez de front deux ou trois projets qui évoluent au fil des jours, en même temps que la composition de vos équipes. Et pourtant, cet acte est bien plus utile que vous ne le croyez.

Une évolution de la société

Il fut un temps où l'exécution des tâches pouvait être normalisée. Elle nécessitait des personnes n'ayant pas forcément une formation solide, mais qui étaient capables d'assimiler une technique. Ce canevas précis donnait du sens au travail (il existe toujours aujourd'hui des individus qui sont motivés par la bonne exécution des normes).

Puis notre univers s'est complexifié, avec des demandes très diverses. Petit à petit, il a fallu accorder davantage d'autonomie aux personnes en première ligne, ce qui a impliqué de mieux les former, voire de recruter des salariés possédant un bagage éducatif plus important. Ce n'est pas un problème, car le niveau moyen des jeunes progresse sans cesse. En revanche, le revers de la médaille est que ces nouvelles recrues, entraînées pendant des années à jongler intellectuellement avec des idées, ne supportent pas la monotonie des tâches. Elles demandent à utiliser leur créativité.

Bien plus, elles ont besoin d'un horizon plus large avec un but à atteindre. Dans ce monde en plein bouleversement, où le futur semble un peu brumeux, nous avons tous besoin d'une direction, soit pour nous rassurer, soit pour nous donner un repère de progression. Créer une vision répond à cette ambition.

Par ailleurs, nous vivons aujourd'hui en Europe l'une des plus longues périodes sans guerre à nos frontières. Durant l'après-guerre et la phase de modernisation (1945-1973), le sens de l'effort se traduisait à la fois par la reconstruction du pays et par la hausse du niveau de vie (logement, voiture…). Puis l'amélioration fut moins visible, et le lien des salariés avec l'entreprise se distendit avec la montée du chômage.

Depuis quelques années, ce phénomène s'est accentué : temps de travail réduit, journées plus denses, tendance à être davantage dans l'urgence… Tout concourt à donner à de nombreux salariés cette impression de malaise : ils s'impliquent moins, en font le minimum et vivent au jour le jour. Or cette attitude est en opposition totale avec les besoins d'entreprises qui doivent affronter des concurrents comme l'Inde ou le Brésil. Comment sortir de cette torpeur ? Deux voies doivent être suivies en parallèle : donner un sens au travail et faire appel à la créativité de chacun.

Un défi accessible et des compétences bien employées

Mihaly Csikszentmihalyi, psychologue américain, a conduit des milliers d'études sur la motivation. Il a notamment étudié la relation entre les défis relevés par les travailleurs et leurs capacités professionnelles.

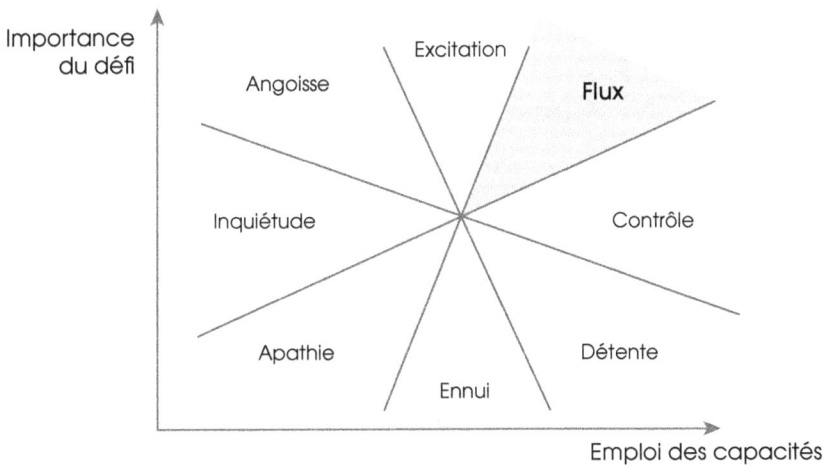

Un salarié qui se retrouve face à un défi trop important dans lequel il ne peut pas utiliser ses capacités ressent de l'angoisse. À l'opposé, un défi facile à relever qui ne nécessite pas de faire appel à ses compétences conduit à l'ennui ou à l'apathie.

Pour Mihaly Csikszentmihalyi, l'homme donne le meilleur de lui-même (ce qu'il appelle *le flux*), lorsqu'il est face à un défi réaliste qui l'oblige à se dépasser et fait appel à toutes ses compétences.

Le rêve éveillé

Établir une vision consiste à visualiser le résultat positif du projet mené à terme.

Sans vision, ou avec une vision qui n'est pas crédible, vos collaborateurs se retrouvent dans une situation ambiguë, car ils n'ont pas de buts clairs. Moins solidaires, ils se replient sur eux-mêmes et les rivalités sont exacerbées. Enfin, ils cherchent plus à passer le temps qu'à agir véritablement.

L'objectif de la vision, du « rêve éveillé » est donc :

- d'inciter les membres de l'équipe à passer du présent au futur proche ;
- de donner à l'équipe un but partagé par tous (chef de projet et collaborateurs) ;
- de lancer un défi accessible ;
- de stimuler la solidarité entre les membres de cette « communauté » d'esprit.

Construisez une vision

Une vision arrive rarement comme une révélation. Elle est plutôt le fruit du mûrissement de longues réflexions.

Les critères d'une vision juste

Dans certains cas extrêmes, la vision est évidente. Si vous œuvrez pour une ONG humanitaire, vous pouvez facilement imaginer votre but précisément : guérir la population, apporter de l'eau potable… Il s'agit dans ce cas de la vision de la structure elle-même, partagée par tous ceux qui en font partie.

Toutefois, dans la majorité des cas, le travail est tellement morcelé au sein de l'entreprise qu'il est difficile de percevoir sa contribution. Il faut alors trouver un lien qui fédère les membres de l'équipe. Si votre entreprise emploie 150 000 collaborateurs, vous avez peu de chances de pouvoir utiliser la vision globale de l'organisation pour fédérer votre équipe (ou alors elle est tellement générale qu'elle n'aura pas l'effet escompté).

Quelques précautions sont à prendre :

- votre horizon ne doit pas être trop long ou trop court. Idéalement, il correspond à la durée de votre projet. En moyenne, douze à dix-huit mois semblent des chiffres cohérents ;
- n'oubliez pas que l'équipe va vivre durant cette période des remaniements en son sein (il faudra expliquer la vision aux nouveaux arrivants et combler les manques dus aux départs).

Trois méthodes pour y parvenir

La construction même de la vision peut être un processus partagé qui permet de souder l'équipe. Trois méthodes sont possibles pour bâtir une vision.

La méthode analytique : tentez par l'analyse de trouver des éléments fédérateurs (voir fiche action à la fin de cette pratique). Dans ce cadre, c'est vous qui conduisez la construction de la vision. Cette méthode vous permet de travailler en amont, quitte à faire ensuite valider le résultat de vos recherches par le groupe.

Les visions élaborées ainsi sont par exemple :

- « Nous devenons le groupe référent dans notre domaine, ce qui veut dire que les autres équipes viennent spontanément nous consulter, que les meilleurs projets nous sont réservés... »
- « Nous sommes prêts pour les nouvelles approches dans notre métier, ce qui signifie que nous allons être impliqués dans la recherche de nouvelles technologies, et développer ainsi notre savoir et notre savoir-faire... »

La méthode synthétique : demandez à votre équipe de répondre aux questions suivantes en s'imaginant dans le futur (au terme de l'horizon que vous aurez déterminé) :

- Que serons-nous devenus ?
- Qu'aurons-nous appris ?
- Que dira-t-on de nous ?
- Quels seront nos résultats ?

Cette approche est plus créative. Adaptée à une équipe d'humeur plutôt positive et constructive, elle vous permettra en plus de découvrir les signes de reconnaissance qu'attendent vos collaborateurs.

Voici quelques exemples de réponses que vous pouvez obtenir :
- « L'équipe a évolué de manière positive. » (même si les résultats n'ont pas été atteints) ;
- « Les résultats ont été atteints. » ;
- « L'équipe est devenue l'exemple à suivre. » ;
- « Les collaborateurs ont bien évolué dans l'entreprise. »

La méthode de l'éloge : proposez à votre équipe de faire son propre éloge. « Imaginons que nous ayons atteint nos objectifs. Notre équipe va être dissoute et chacun d'entre nous va repartir au sein de l'entreprise avec une promotion. Qu'aimeriez-vous entendre lors du pot de départ ? » Pimentez l'action en proposant d'écrire cet éloge sous la forme d'un article de journal ou d'une épopée…

Quelle que soit la méthode employée, les mêmes mots-clés reviennent dans la formulation de la vision. En voici une liste (non exhaustive) qui peut vous être utile : croyance partagée, chance, catalyser, admettre des changements, travailler ensemble, s'attribuer des rôles, impliquer, s'intéresser aux métiers de demain, faire preuve d'agilité, développer sa créativité, agir avec ténacité…

La conviction des autres commence par soi

La force de l'évocation d'une vision réside dans la manière dont vous allez la communiquer.

Si convaincre les autres commence par soi-même, travaillez d'abord votre croyance à aller vers cette vision :
- déclinez cette vision en actions collectives et individuelles, afin que chacun comprenne sa contribution (action collective : « améliorer l'information de nos partenaires » ; action individuelle : « répondre dans les deux heures aux demandes du donneur d'ordres ») ;
- inscrivez cette démarche dans votre animation de l'équipe au quotidien ;
- mesurez le chemin parcouru et à parcourir (utilisez des tableaux de bord pour mesurer votre progression) ;

- faites connaître votre vision autour de vous (faites le « marketing » de votre équipe) ;
- soyez cohérent dans le temps (ne déviez pas de la vision une fois qu'elle est définie).

Plus vous travaillerez sur le sujet, plus vous serez convaincu de la pertinence de votre vision. Toutefois, ce n'est pas simplement le résultat d'une démarche structurée et factuelle. Comme nous l'avons évoqué ci-dessus, votre intuition et votre créativité (et celles de vos équipiers) jouent ici un rôle important.

Vous mesurez à ce stade que votre rôle est, bien sûr, de fixer la direction à suivre et de mobiliser vos équipiers autour d'elle, mais aussi de modifier l'organisation prévue pour qu'elle s'adapte à votre vision.

Votre conviction doit prend en compte cette dimension. Pour cela, décomposez votre vision en objectifs et posez-vous les questions suivantes :

- Ces objectifs peuvent-ils être atteints en fonction des futurs envisagés (hypothèses haute, moyenne, basse) ?
- Quelles seraient les conséquences de l'atteinte de ces objectifs selon ces différentes hypothèses ?
- Quelles sont les compétences que doivent posséder vos collaborateurs pour atteindre ces objectifs ?
- Comment les aider à acquérir ces compétences ?

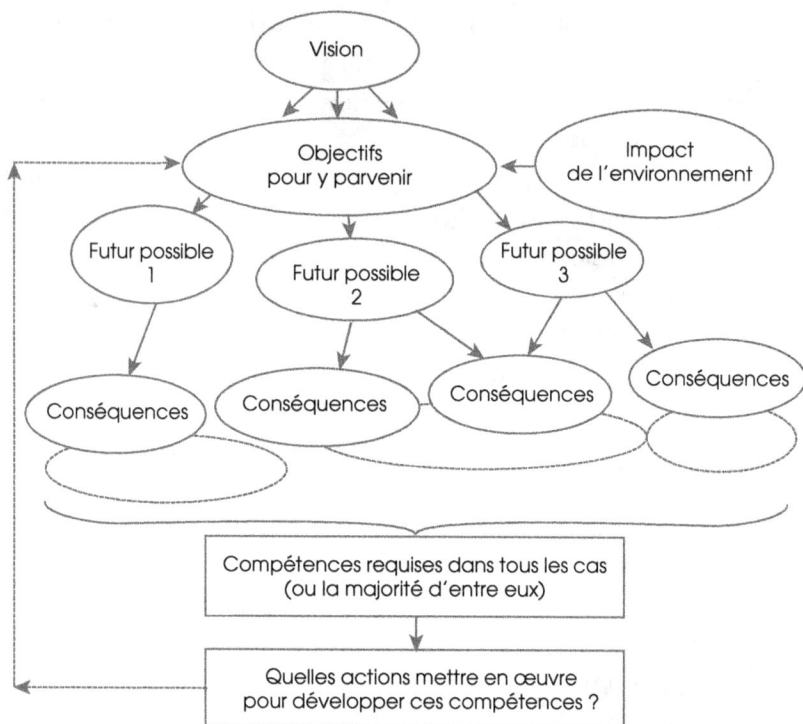

Cette méthode vous permettra de prendre conscience des différentes évolutions possibles et de vous convaincre de la justesse de votre vision.

Les leçons de l'expérience

L'évolution de la société a conduit les salariés à demander davantage d'autonomie. Ils ont besoin aujourd'hui pour avancer d'un but à atteindre, d'une vision du futur séduisante.

Cette vision se construit progressivement, selon plusieurs méthodes (analytique, synthétique, de l'éloge). Après l'avoir formulée précisément, il vous reste à la communiquer avec ferveur et à vous y tenir tout au long du projet.

Trois écueils à éviter

La vision, c'est le projet terminé !
Non, la vision correspond davantage aux conséquences de la réussite du projet : reconnaissance, compétences accrues...

La vision pour un projet doit prendre en compte celle de l'entreprise
La vision d'un projet concorde rarement exactement avec celle de l'entreprise. En revanche, elle doit impérativement être adaptée aux besoins de l'équipe.

Une vision évolue au fil des événements
Sur un horizon de douze à dix-huit mois, la vision reste la même, sauf événements majeurs. Ce sont les objectifs pour l'atteindre qui, eux, peuvent évoluer.

Trois conseils à méditer

Il existe plusieurs méthodes pour bâtir une vision
Vous pouvez la bâtir seul (à éviter) ou en impliquant plus ou moins votre équipe. Tout dépend de son degré de maturité.

Gardez à l'esprit la vision tout au long du projet
Faire vivre la vision, c'est la traduire en actes de management au quotidien...

Soyez sûr d'être convaincu avant de tenter de convaincre vos collaborateurs
Vous ne pourrez transmettre de manière efficace qu'une vision en laquelle vous croyez.

Fiche action

Voici une méthodologie pour élaborer une vision pour votre équipe[1]. Nous avons repris comme exemple le cas de Nathalie.

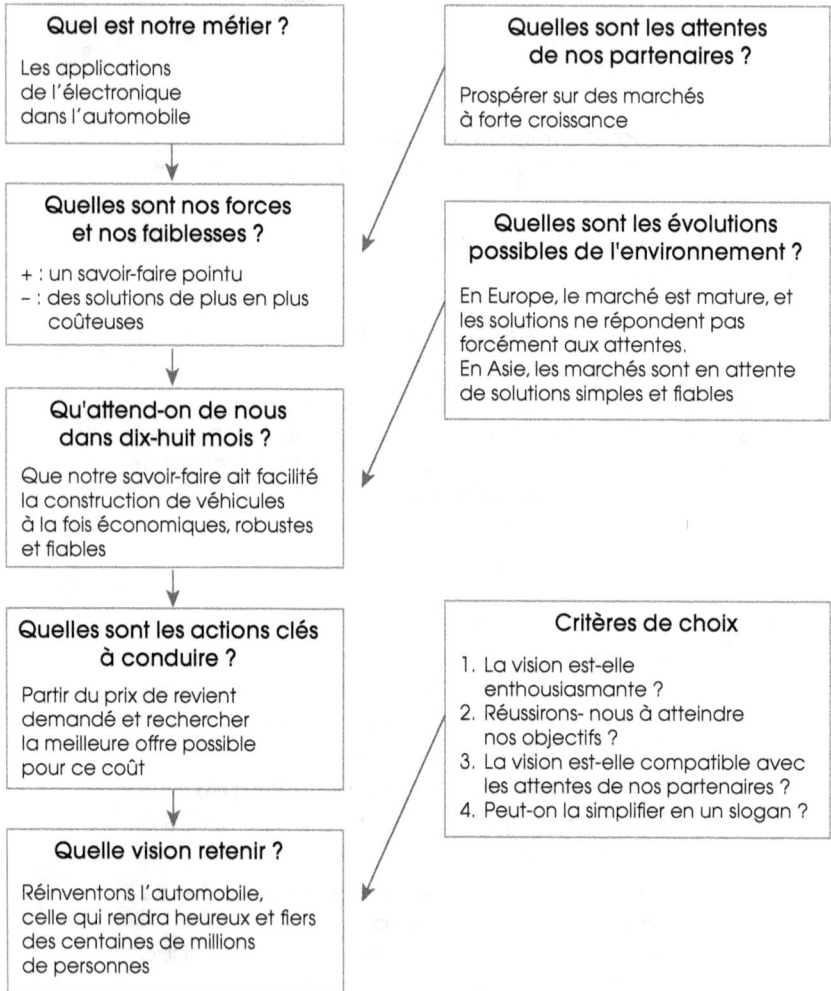

Quel est notre métier ?
Les applications de l'électronique dans l'automobile

Quelles sont les attentes de nos partenaires ?
Prospérer sur des marchés à forte croissance

Quelles sont nos forces et nos faiblesses ?
+ : un savoir-faire pointu – : des solutions de plus en plus coûteuses

Quelles sont les évolutions possibles de l'environnement ?
En Europe, le marché est mature, et les solutions ne répondent pas forcément aux attentes. En Asie, les marchés sont en attente de solutions simples et fiables

Qu'attend-on de nous dans dix-huit mois ?
Que notre savoir-faire ait facilité la construction de véhicules à la fois économiques, robustes et fiables

Quelles sont les actions clés à conduire ?
Partir du prix de revient demandé et rechercher la meilleure offre possible pour ce coût

Critères de choix
1. La vision est-elle enthousiasmante ? 2. Réussirons-nous à atteindre nos objectifs ? 3. La vision est-elle compatible avec les attentes de nos partenaires ? 4. Peut-on la simplifier en un slogan ?

Quelle vision retenir ?
Réinventons l'automobile, celle qui rendra heureux et fiers des centaines de millions de personnes

---

1. Elle est adaptée de *Visionary Leadership* de B. Nanus (cf. bibliographie en fin d'ouvrage).

Convaincre son auditoire

Finies l'analyse et la réflexion, place à l'action ! Vous avez bâti une vision pour votre projet et souhaitez maintenant la partager avec vos équipiers. Commencez par organiser une réunion de groupe. Êtes-vous familier de l'art oratoire ? S'il existe des orateurs-nés, la grande majorité des gens a besoin de travailler cette approche…

Histoire vécue

Franck est furieux (il est même au bord de la crise de nerfs). En effet, il sort du comité de direction au cours duquel il s'est senti profondément humilié. Chef de projet dans une entreprise de services, il devait y présenter l'état d'avancement de son projet. C'était pour lui un grand événement et une opportunité de mieux se faire connaître. « Coaché » par son responsable direct, il s'y préparait depuis quinze jours. Sa prestation était prévue pour durer vingt minutes sur l'ordre du jour, aussi avait-il dû réduire progressivement le nombre de diapositives (de quarante-cinq à dix-huit !). Il s'était maintes fois entraîné devant quelques membres de son équipe, et même devant son épouse. Chronomètre en main, il arrivait à effectuer sa présentation en dix-huit minutes.

Le jour « J », en pleine forme, Franck arrive avec son responsable en temps et en heure devant le comité. Tout se passe bien jusqu'au moment où c'est à lui de parler. Au bout d'une minute à peine, le directeur général l'arrête : « Franck, vous connaissez nos habitudes : deux transparents résumant ce qu'il y a à savoir, et après, nous en débattrons. Allez à l'essentiel ! » Franck, qui maîtrise pourtant bien son sujet, est totalement déstabilisé par cette remarque et ne parvient qu'à bredouiller quelques mots inintelligibles. Son responsable ainsi que le supérieur de celui-ci semblent perdus dans leurs notes. Au bout de quelques instants (qui semblent durer une éternité), le directeur général consulte sa montre et reprend : « Bien Franck, comme il ne semble pas y avoir d'urgence particulière sur ce sujet, je vous propose de reporter votre présentation à une autre séance. » Sans plus s'occuper du malheureux collaborateur, il aborde alors le thème suivant de l'ordre du jour.

Franck quitte la réunion la tête basse. Il s'en veut de s'être fait rabrouer, et en veut à son responsable qui ne l'a pas soutenu (ce dernier prétend maintenant qu'il l'avait prévenu). Rentré dans son bureau, lui qui est d'habitude si maître de lui-même, ne tient pas en place. Le comble est que, dans une demi-heure, il a une réunion d'équipe qu'il a organisée dans le but de restituer à chaud les retours du comité. Il est trop tard pour l'annuler... De plus, l'histoire de sa déconvenue doit, en ce moment même, être en train de circuler dans toute l'entreprise ! Après tout, autant l'annoncer lui-même et se remettre à l'ouvrage... Repensant à ce que lui a dit le directeur général, il lève les yeux au ciel : deux diapositives seulement sur un projet qui concerne pratiquement tous les services et va durer dix-huit mois ! Idéalement, il lui faut trois quarts d'heure pour expliquer les tenants et aboutissants de son projet... Lui qui avait prévu une liste de près de trente questions pour le comité !

Voilà Franck devant son équipe, qu'il imagine goguenarde. Soucieux de ne pas montrer son désarroi, il décide de respecter l'ordre du jour. À peine a-t-il projeté la première diapositive que le vidéoprojecteur clignote, puis s'éteint. La lampe a grillé, or il est difficile de trouver rapidement dans cette partie du bâtiment un autre appareil en état de marche. À nouveau énervé, Franck décide de se passer du vidéoprojecteur et se lance dans sa présentation en utilisant le tableau de papier. Il a beaucoup de choses à dire à son équipe. Il commence par les faits, puis enchaîne rapidement sur des éléments qu'il n'a jamais pu ou osé formuler : sa volonté de mener à terme le projet, le fait qu'il croit au succès de l'équipe... Les mots lui viennent tous seuls. Il parle du travail au quotidien, de ses espoirs et de ses craintes, de sa prestation face au comité et de ce qu'il a ressenti, du futur...

Tout à coup, il réalise que ses équipiers ne le regardent pas comme d'habitude. Il s'interrompt alors et les observe à son tour. A-t-il été trop loin ? S'est-il une fois de plus ridiculisé ? Un silence s'installe, puis

Luc (un membre de son équipe qui ne compte pas parmi ses plus chauds partisans) prend la parole : « Franck, je voulais te dire que je compatis pour l'humiliation subie devant le comité. Ce qui t'est arrivé aurait pu m'arriver aussi, je voudrais donc que tu saches que tu peux compter sur mon amitié et mon soutien. Je t'aiderai à faire les deux diapositives. » Tour à tour, chacun des participants prend la parole, qui pour appuyer les paroles de Luc, qui pour remercier Franck de son discours. Tous lui tiennent des propos qu'il n'avait jamais entendus jusqu'alors : « Bravo pour ton action », « Nous comprenons ce que tu ressens », « Nous allons mener ce projet à terme », « Nous sommes avec toi »...

À la fin de la réunion, l'équipe part déjeuner au restaurant d'entreprise. L'ambiance au sein du groupe a changé. Plus personne ne parle de l'incident, et tous se concentrent sur le contenu des deux diapositives. Certains proposent même spontanément d'en faire une maquette dans l'après-midi.

Franck ne comprend plus rien. Son équipe, au lieu de s'apitoyer sur son sort – ou pire de s'en réjouir –, lui adresse de nombreux signes positifs. Bien plus, lui qui essayait vainement de leur faire partager sa vision autour du projet les entend maintenant en parler comme s'ils la possédaient depuis toujours.

___ **Les questions-clés** _____

Franck ne comprend pas que c'est en réalité l'émotion transmise dans ses propos qui a fait la différence. Finalement, à toute chose malheur est bon : si son vidéoprojecteur avait fonctionné, il serait resté « arrimé » à ses papiers, et le courant ne serait peut-être pas aussi bien passé avec son équipe.

Comment développer ses talents d'orateur ? Trois éléments sont essentiels :

?   bien se préparer ;

?   être authentique ;

?   prendre en compte son auditoire.

Une bonne préparation est essentielle

Vous admirez sûrement les orateurs « professionnels » (hommes politiques, avocats, universitaires...) qui savent discourir si facilement sur n'importe quel sujet. Il est à votre portée de vous approprier une partie de leur savoir-faire. Derrière la « magie » de leur art, se cachent en effet des techniques bien maîtrisées qui assurent une certaine aisance en public.

L'importance du message central

Il vous faut une ligne directrice, une colonne vertébrale autour de laquelle structurer vos propos. L'essentiel est que votre auditoire comprenne le fond de votre message. Pour cela, il faut qu'il y en ait un et… que vous croyiez en lui ! Les orateurs professionnels ont un fil directeur sur lequel ils ramènent systématiquement toutes les questions.

Franck s'est fait piéger parce qu'il n'avait pas réalisé au préalable ce travail de synthèse. Il avait ainsi de nombreuses choses à dire au comité, mais pas de réel message de fond. Qu'attendait-il du comité : une simple validation (dans la mesure où tout va bien), de l'aide, un appui ?

Voici une astuce pour construire votre fil directeur et structurer votre présentation : répondez aux questions de la première colonne du tableau suivant. Il ne vous reste plus qu'à replacer les arguments élaborés dans la deuxième colonne.

Je construis mon fil directeur	Je structure ma présentation
Quels sont les faits dont je dispose ?	Voici les bénéfices que je vous propose : … Ils s'argumentent autour de la vision suivante : …
Quels sont les données ou les chiffres observables pertinents ?	Pour cela, je m'appuie sur : • tels faits : … • tels chiffres (ou données observables) : … • tels exemples : …
Quels sont les exemples ou les références qui justifient ma vision ?	
Quels sont les bénéfices pour mon auditoire ? pour l'entreprise ?	Voici ma contribution au projet : …
Finalement, quelles actions est-ce que j'attends d'eux ?	Voici ce que j'attends de vous : …

Commencez par la fin

Lorsque vous écoutez quelqu'un parler, il vous arrive parfois de penser : « Mais où veut-il en venir ? Que dois-je comprendre ou retenir ? » Évitez donc les argumentations interminables, car la conclusion arrive après un temps si long que plus personne n'écoute. Le drame est qu'en entendant cette conclusion la majorité de l'auditoire se demande : « Pourquoi dit-il cela ? »

Voici un exercice facile à mettre en œuvre. Posez-vous la question : « Si j'avais seulement quatre-vingt-dix secondes pour présenter mon projet, que dirais-je ? » Enregistrez-vous, via un magnétophone, un camescope ou même un téléphone, et écoutez-vous. Vous n'êtes pas convaincu par votre message ? Alors votre auditoire ne le sera pas non plus !

Par ailleurs, n'hésitez pas à vous entraîner en amont. Le temps est souvent compté lors des réunions. Aussi, pour éviter la précipitation si vous devez conclure rapidement, testez toujours votre présentation auparavant (sachez qu'au calme vous mettrez généralement moins de temps pour la faire), et essayez de la réaliser sur une durée deux fois plus courte que prévu. Ainsi, vous n'aurez pas de mauvaise surprise – du moins pas celle-là ! – le jour J.

Enfin, le ton à employer, la durée de l'intervention et la phrase d'introduction de votre présentation vont dépendre de votre public. Ils différeront ainsi selon que vous vous adressez à votre équipe, à vos homologues ou au comité directeur de votre entreprise.

Associez le ton et le geste pour convaincre

Le psychologue américain Albert Mehrabian s'est rendu compte que les discours étaient transmis à 7 % par les mots utilisés, à 38 % par le ton employé et… à 55 % par les gestes effectués.

Observez-vous

Cela signifie que votre visage, vos yeux, vos gestes, vos manières… sont la garantie de ce que vous dites. Si vous énoncez votre vision la tête basse, en chuchotant presque, pensez-vous que votre auditoire sera conquis par vos propos ? N'oubliez pas que le naturel reprend vite le dessus, d'où l'importance d'être convaincu de ce que vous dites. Cela se travaille : réfléchissez aux objections qui pourraient vous être faites et aux réponses possibles.

Puisque vos gestes marquent votre auditoire, contrôlez-les, mais ne les craignez pas. Évitez les attitudes « fermées », signe de nervosité ou de tension : par exemple, ne croisez pas les bras. Pensez à maîtriser les mouvements de votre visage et ceux de vos mains. Attention, si vous y parvenez (en mettant vos mains dans vos poches ou dans votre dos par exemple), ce sont alors souvent vos jambes et vos pieds qui risquent de prendre le relais.

À titre d'illustration, sachez que les cabinets de recrutement utilisent souvent des tables en verre dans leur bureau pour observer la gestuelle des candidats reçus (leurs pieds sont-ils posés bien à plat ou entortillés autour de ceux de la chaise, signe de tension ?).

L'entraînement face à une caméra est une excellente méthode pour se voir bouger. Il vous permettra de prendre conscience de vos gestes et du rythme de votre voix. Vous ne changerez pas fondamentalement, mais vous pourrez vous améliorer nettement. Les leaders charismatiques réputés pour leur talent oratoire travaillent régulièrement leurs attitudes, et certains reconnaissent d'ailleurs avoir fait du théâtre. Dans son livre *TF1, un pouvoir*[1], Pierre Péan raconte comment Francis Bouygues et ses associés se sont ainsi entraînés avec une caméra avant de passer devant la commission de sélection et d'attribution de la chaîne pour présenter leur projet d'acquisition.

Vous trouverez à la fin de ce chapitre une fiche outil qui vous aidera à analyser votre prestation. Voici déjà quelques points à connaître :

- les mains ouvertes expriment le consensus, alors que les mains fermées symbolisent la force ou la nervosité ;
- les jambes légèrement écartées et les pieds bien à plat dénotent une force tranquille. En adoptant cette posture, vous serez plus stable et respirerez mieux (ce qui influencera le rythme de votre discours) ;
- la position immobile (debout ou assis derrière un pupitre par exemple) est à éviter. Si vous le pouvez, déplacez-vous lentement dans la pièce, vous contrôlerez mieux votre nervosité et votre respiration sera facilitée.

---

1. Cf. bibliographie en fin d'ouvrage.

Regardez votre auditoire et non vos papiers

Regardez votre auditoire, sans viser quelqu'un en particulier, et tenez compte de la configuration de la salle de réunion :

* si elle est disposée en « U » par exemple, n'oubliez pas de faire circuler votre regard dans la salle (attention aux personnes sur les côtés, vous constaterez que vous avez tendance à regarder droit devant vous) ;
* si elle est en mode « conférence » (les chaises sont alignées devant vous), regardez le front d'une personne située au troisième rang. Cela vous donnera un regard plongeant et vous ne serez pas perturbé par les mimiques d'un individu en particulier.

Par ailleurs, vous pouvez vous appuyer sur un document recensant quelques points-clés. Si vos diapositives sont chargées de faits et de chiffres, ne les lisez pas à haute voix. Prenez le temps de les lire des yeux afin de laisser à votre auditoire le temps de faire de même, puis résumez en une ou deux phrases ce qu'il faut en retenir. Peu de gens lisent réellement les diapositives présentées, la majorité préfère entendre ce que vous avez à en dire.

Enfin, variez vos expressions : « je sens que », « je crois que », « j'entends que »... L'important est d'employer un vocabulaire simple, et surtout d'avoir une ligne directrice et de la marteler de différentes façons tout au long de votre présentation.

Respirez !

La base du travail d'acteur et de tout orateur est la respiration. Les acteurs professionnels utilisent des méthodes qui favorisent un allongement de la colonne vertébrale et une ouverture de la colonne d'air grâce à des exercices d'échauffement, de respiration et de rythme. Ces méthodes sont toujours guidées par un animateur.

Entraînez-vous seul, par exemple en lisant des textes de théâtre. Voici un extrait de *L'aiglon*[1] d'Edmond Rostand. Inspirez avant chaque vers et expirez en le déclamant. Dites cette tirade sur diffé-rents tons : d'une voix forte ou en chuchotant, ou bien encore

---

1. *L'aiglon*, Rostand E., Gallimard, « Folio », 1986.

comme si vous parliez à une personne qui s'éloigne (en montant progressivement la voix) :

« Et nous, les petits, les obscurs, les sans-grades ;

Nous qui marchions fourbus, blessés, crottés, malades,

Sans espoir de duchés ni de dotations ;

Nous qui marchions toujours et jamais n'avancions ;

Nous qui par tous les temps n'avons cessé d'aller,

Suant sans avoir peur, grelottant sans trembler,

Ne nous soutenant plus qu'à force de trompette,

De fièvres et de chansons qu'en marchant on répète ;

Nous sur lesquels, pendant dix-sept ans, songez-y

Sac, sabre, tournevis, pierre à feu, fusil ;

Ne parlons pas du poids toujours absent des vivres !

Ont fait le doux total de cinquante huit livres ; […]

Nous, nous ne l'étions pas peut-être fatigués ! »

De même, lors d'un discours en public, inspirez à la fin de chaque phrase et parlez en expirant.

Suscitez les échanges

Sus à la monotonie !

Le degré d'attention d'un public varie énormément selon l'intérêt accordé à l'orateur et au sujet. En moyenne, nous restons concentrés pendant douze minutes. Favoriser les échanges, c'est donc d'abord saisir – et conserver – l'attention de l'autre.

Avant de commencer votre discours, inspirez profondément. Accordez-vous dix secondes pour jeter un coup d'œil à votre plan et attaquez votre présentation d'un ton décidé. Le mieux est d'apprendre par cœur les premières phases et les points-clés de votre présentation. Le silence produit par votre concentration et votre ton au départ « captera » votre auditoire.

Prévoyez de petites synthèses régulières et des temps de rupture (ton et rythme de voix). Vous pouvez ainsi alterner des explications techniques et des anecdotes sur des tons différents.

La force des images

Le leader charismatique donne envie de le suivre grâce à la vision qu'il projette et aux images qu'elle suscite en chacun de nous. Vous pouvez faire appel à des techniques de visualisation créative et d'ancrage visuel propres à la PNL (programmation neurolinguistique) pour faciliter la transmission de votre vision.

Il est ainsi intéressant d'employer quelques images fortes, qui marqueront l'esprit de vos auditeurs. Voici un extrait d'un discours de Steve Jobs, cofondateur d'Apple.

« Il y a environ un an, j'ai été diagnostiqué avec un cancer. Mon médecin m'a conseillé de rentrer chez moi et de mettre de l'ordre dans mes affaires, ce qui en langage médical signifie se préparer à mourir. J'ai vécu avec ça toute la journée. Plus tard le soir même, on m'a fait une biopsie. Les médecins ont regardé les cellules au microscope, ils ont pleuré, car en fait il s'agissait d'une forme très rare de cancer du pancréas qui peut être traité par chirurgie. On m'a opéré et je vais bien maintenant.

Ayant vécu cela, je peux vous dire aujourd'hui, avec un peu plus de certitude que quand la mort n'était qu'un concept intellectuel, que personne ne veut mourir.

Votre temps est limité, donc ne le perdez pas à vivre la vie de quelqu'un d'autre. Ne vous enfermez pas dans les dogmes, c'est-à-dire dans ce que pensent d'autres personnes que vous. Ne laissez pas le bruit des opinions des autres étouffer votre voix intérieure. Et, plus important, ayez le courage de suivre votre cœur et votre intuition. Tout le reste est secondaire[1]. »

---

1. Discours prononcé le 12 juin 2005 devant les étudiants de Standford (texte complet disponible sur le site www.entreprise-facile.com/dotclear/index.php? 2006/10/14/5-discours-de-steve).

Vous noterez la puissance des images contenues dans ce discours. Évidemment, vous n'êtes pas Steve Jobs et votre tâche n'est pas de la même ampleur que la sienne. Pourtant, nul doute que cet homme a réussi parce qu'il avait une vision du futur pour lui et la société. Ainsi, quand il a pensé en 1983 que John Sculley (alors un des dirigeants de Pepsi) serait le patron idéal pour Apple, il est allé le voir et lui a tenu ce langage : « Voulez-vous passer le reste de votre vie à vendre de l'eau sucrée ou voulez-vous avoir une chance de changer le monde ? » C'est cela donner une vision !

Sur la corde sensible

C'est sur ce point que le leader charismatique se démarque : il sait faire « vibrer » son auditoire, le toucher au niveau émotionnel. Si les auditeurs ne se rappellent pas forcément ce qu'ils ont entendu, ils se souviennent avoir ressenti quelque chose. Pour cela, votre discours doit être perçu comme « authentique », sincère. N'hésitez pas à faire part de vos craintes, mais aussi de vos espoirs, de vos joies et de votre confiance. Un bon moyen d'y parvenir consiste à enrichir votre discours d'anecdotes et d'exemples.

Par ailleurs, favorisez les échanges en interpellant votre auditoire : suscitez des commentaires en intégrant des questions dans votre présentation. Acceptez les remarques ou les critiques (si elles portent sur des faits et non sur des personnes). L'expression « je comprends » signifie que vous prenez en compte les critiques sans forcément les trouver justifiées. Enfin, reconnaissez que vous ne possédez pas la réponse à certaines questions, tout en précisant que vous rechercherez la réponse.

Vous pouvez développer ce point en travaillant l'improvisation (même si cela peut paraître paradoxal). Voici un exercice qui peut se faire à plusieurs (à partir de deux participants). Dans un premier temps, une personne en interpelle une autre en lui disant : « Je vous écoute, parlez-moi de… » La personne interpellée a alors trois minutes pour répondre.

Dans un deuxième temps, celle qui a lancé le thème doit reformuler les propos entendus en commençant par : « Si je vous ai bien compris… »

Ce jeu en deux étapes permet :
- d'une part de s'entraîner à l'improvisation ;
- d'autre part de travailler la formulation à la fois des faits (ce qui a été entendu) et du ressenti (ce qui a été perçu).

Pour plus d'efficacité, nous vous conseillons d'enregistrer les interventions de chacun.

Cela peut vous sembler difficile mais ne renoncez pas par avance. Nous avons du mal à exprimer nos émotions car notre éducation nous « bloque » fréquemment à ce niveau. Nous associons ainsi souvent l'expression orale à nos expériences scolaires durant lesquelles nous devions « réciter » un texte. Il en résulte une peur d'être jugé, de ne pas être aimé, de ne pas convaincre…

Les leçons de l'expérience

Avoir du charisme, c'est être à la fois convaincant et séduisant : deux atouts essentiels de l'art oratoire. Vous pouvez maîtriser cet art – ou du moins ne plus redouter les présentations orales – si vous êtes à la fois convaincu de ce que vous dites et prêt à exprimer vos émotions.

Surmonter votre trac suppose déjà de développer votre confiance en vous :
- déterminez votre message central (et essayez de l'exprimer en une minute trente secondes) ;
- entraînez-vous suffisamment (puis oubliez vos notes) ;
- rappelez-vous qu'il y a dans la salle des personnes bienveillantes (leur regard vous aidera), d'autres « neutres », et enfin peut-être des gens hostiles (ignorez-les).

Entretenir cette confiance, c'est la partager avec votre auditoire. Vous devez sentir qu'il est sensible à votre message : posez des questions, modulez votre voix, changez de ton… En bref, cassez le rythme de votre présentation pour garder attentive l'oreille de votre public.

Enfin, progressez étape par étape : enregistrez-vous pour faire le point, focalisez-vous sur vos atouts, et surtout osez parler de vous et de votre ressenti (c'est souvent le plus difficile).

Trois écueils à éviter

S'en tenir à son texte (même appris par cœur)
Si vous vous « cramponnez » à votre texte (ou si vous le récitez), vous risquez de parler sur un ton mécanique et monotone qui lassera votre auditoire.

Tout miser sur les faits
Nous pouvons être d'accord avec les faits, sans avoir envie d'agir pour autant. Les lois et campagnes de publicité sur la vitesse au volant ne seraient rien sans la peur du gendarme… Ce sont les émotions qui nous interpellent !

Penser que l'art oratoire est inné
Certes, tout le monde n'a pas les mêmes facilités. Cependant, avec de l'entraînement, vous serez capable de franchir cette étape qui vous semble peut-être insurmontable.

Trois conseils à méditer

Prenez le temps de respirer
Une grande inspiration avant de vous lancer dans votre discours vous aidera à garder votre calme et à donner un ton posé à votre présentation.

Considérez chaque réunion comme une occasion de progresser
Saisissez chaque opportunité de travailler un aspect de l'art oratoire, même la plus insignifiante (réunion sans enjeu).

Faites concorder vos mots, votre ton et votre gestuelle
Le langage de votre corps en dit plus que vos paroles, ne le négligez pas !

Grille d'analyse de l'art oratoire

Après vous être filmé en train d'effectuer une présentation, regardez la vidéo et remplissez la grille ci-dessous en vous attribuant une note pour chaque catégorie.

	Notation				Observations
	+ +	+	–	– –	
PRÉPARATION Maîtrise du sujet Clarté du message central Absence de répétitions Prise en compte de l'auditoire					
CONTACT Clarté du plan Affectivité (empathie, chaleur…) Présence (dynamisme, enthousiasme…) Absence de mots parasites					
VOIX Rythme varié (pauses, diversité des tons employés…) Débit agréable (lent, haché…) Articulation Mise en valeur des mots (accentuation, répétition…)					
ATTITUDE Absence de mouvements incontrôlés Regard posé sur tout l'auditoire Gestes « positifs » Position des mains Déplacement					

Fixez-vous ensuite un point de progrès à travailler lors de chaque présentation devant un groupe. Ne passez au suivant que lorsque vous estimez que le précédent est maîtrisé.

Convaincre en face à face un acteur-clé

Vous avez convaincu vos collaborateurs de l'intérêt de mener à bien votre projet. Tout devrait donc aller pour le mieux, pourtant votre équipe n'est pas autonome, libérée de toutes contraintes. D'autres priorités peuvent venir entraver son action ou la vôtre. Il vous faut donc régulièrement aller plaider votre cause auprès d'acteurs-clés (homologues ou responsables de plus haut niveau hiérarchique). Comment les convaincre et s'assurer qu'ils ont bien compris vos propos ?

Histoire vécue

Djibril est persuadé de l'intérêt du projet qui lui a été confié, pour son équipe et pour lui-même. Récemment nommé chef de projet dans une compagnie d'assurances, il connaît suffisamment l'entreprise pour apprécier la portée du travail qu'il doit mener.

Par nature ouvert, dynamique et extraverti, il a l'art de séduire ses interlocuteurs, grâce à un mélange de créativité et d'empathie. Il voit toujours la vie comme une bouteille à moitié pleine, son énergie et son entrain sont d'ailleurs connus dans la compagnie.

Le projet semble bien parti. Pourtant, lors de la réunion d'équipe, les collaborateurs de Djibril lui font part de retards qui les pénalisent. Le chef de projet, aussi positif qu'il soit, a les pieds sur terre. Il se rend vite compte des risques encourus et décide d'agir. La plupart des problèmes venant de conflits de priorités au sein d'autres services, il décide de rencontrer les responsables concernés.

Il profite ainsi d'une réunion interservices pour leur demander leur appui dans la résorption des retards. Ne voulant pas les accabler, il présente les faits succinctement, en jouant de son côté séducteur pour demander à l'un de respecter certains délais, à l'autre de déléguer une partie du travail qui lui est dévolu, etc. Les responsables concernés hochent la tête d'un air entendu, et le président de séance passe à un autre point de l'ordre du jour.

Satisfait, Djibril revient vers ses équipiers et leur transmet la bonne nouvelle : tout va s'arranger ! Pourtant les jours passent, et la situation n'évolue guère. Pire, les échos qui remontent du terrain ne sont pas bons. Un de ses collaborateurs lui rapporte que son responsable hiérarchique – qui était présent à la fameuse réunion – n'a visiblement pas compris l'urgence de sa demande, puisqu'il lui a dit : « Djibril s'affole pour un rien. Ce n'est pas si grave ! »

Djibril, incrédule, décide d'aller voir une par une les personnes concernées. Il commence par Victor, qui lui dit d'emblée : « Je sais que tu as besoin d'informations, mais je ne sais ni pour quand, ni sous quelle forme. Moi aussi, j'ai un emploi du temps chargé. Je ne vais pas modifier toutes mes priorités pour si peu ! » Djibril ne comprend pas cette réaction, car il lui semble pourtant avoir été clair. Or il réalise en discutant avec Victor que celui-ci n'a pas compris grand-chose, il reprend donc ses explications. Après un court échange, son interlocuteur saisit cette fois-ci l'enjeu. Il accepte d'agir, avant de clore leur entrevue par : « Sois plus clair la prochaine fois ! »

Content d'avoir résolu ce problème, Djibril se dirige ensuite vers le bureau d'Annie, une autre responsable. Il souhaite obtenir un peu plus de temps disponible pour un de ses équipiers, qui se retrouve « coincé » entre les demandes d'Annie et les siennes. Fort de son expérience avec Victor, Djibril entre directement dans le vif du sujet et va à l'essentiel, tandis qu'Annie se tait et l'écoute. Elle acquiesce un peu mécaniquement. Djibril est étonné par le comportement de son interlocutrice, d'habitude plus chaleureuse. Il change alors de tactique : il lui rappelle de bons souvenirs liés à des projets réalisés en commun, insiste sur l'amitié qu'il lui porte et fait appel à son aide... Son interlocutrice se détend peu à peu. Elle lui avoue qu'elle n'a pas bien compris sa demande lors de la réunion, mais qu'elle n'a pas osé poser de question, craignant de le vexer. Elle promet de décharger un peu l'équipier de Djibril pour

© Groupe Eyrolles

lui permettre de s'investir davantage dans le projet. Enfin, elle conclut l'entretien sur un reproche : « *Tu aurais dû parler plus ouvertement !* »

Déstabilisé par ces incompréhensions, Djibril rencontre une troisième responsable, Antoinette, qui lui dit très franchement : « *Je suis navrée pour toi, mais tes problèmes ne me concernent pas.* » Elle se lance alors dans une longue explication d'où il ressort que son service a fourni en temps et en heures les éléments demandés. Djibril doit reprendre toute l'analyse point par point pour lui prouver que ses difficultés risquent de la toucher elle aussi. Il précise qu'il a, bien entendu, apprécié le travail déjà réalisé, mais que d'autres éléments étaient attendus, suite à des remaniements du projet. Antoinette accepte la démonstration et promet de faire le nécessaire, tout en le tançant : « *Pourquoi ne l'as-tu pas dit dès le départ ?* »

Djibril retourne à son bureau en se demandant comment s'exprimer la prochaine fois pour être compris de tous.

───── **Les questions-clés** ─────

Djibril découvre qu'il n'est pas seulement nécessaire d'être convaincant et séducteur pour emporter l'adhésion d'un auditoire. Ce n'est pas parce que vos interlocuteurs ne demandent pas d'explications supplémentaires ou hochent simplement la tête qu'ils ont compris ce que vous attendiez d'eux et qu'ils vont prendre les dispositions nécessaires !

Djibril peut tirer de son expérience trois enseignements :

?   pour être correctement compris, mieux vaut connaître le fonctionnement de son interlocuteur ;

?   il faut se méfier des malentendus non décelés ;

?   enfin, la compréhension pleine et entière des messages se travaille.

Des outils pour une meilleure compréhension de l'autre

Nous devons à Carl Gustav Jung, médecin et psychanalyste suisse, la mise en évidence des principaux types psychologiques qui servent de support à notre approche de la communication en général et de l'écoute en particulier.

Ces différents travaux, publiés dans un livre presque introuvable aujourd'hui[1], ont fait l'objet de nombreuses études. Elles ont abouti à la constitution de questionnaires qui permettent de mieux comprendre son profil. Parmi ces outils, nous citerons le MBTI, Arc En Ciel, Success Insights, Ensize…

La méthode fondée sur les cerveaux droit et gauche[2] est une approche similaire tout aussi sérieuse, avec de légères variantes.

Voici un résumé de la méthode reposant sur les études de C. G. Jung.

Quel as êtes-vous ?

Chaque personne se caractérise par des dominantes en matière d'attitude et de fonction :

- en termes d'attitudes, certains individus sont plutôt introvertis, d'autres extravertis. En simplifiant, nous dirons que l'extraverti réfléchit tout en parlant (d'où un langage un peu confus parfois), alors que l'introverti réfléchit avant de parler (ce qui se traduit par des temps de silence) ;
- en termes de fonctions, certains préfèrent contrôler leurs émotions et se centrer sur les faits ; d'autres, à l'opposé, communiquent en exprimant ce qu'ils ressentent.

Le croisement de ces deux axes (introverti/extraverti, faits/émotions) conduit au découpage suivant (d'autres éléments permettent d'affiner davantage la description des types psychologiques).

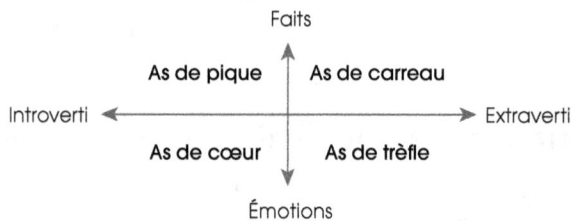

Faits

As de pique   As de carreau

Introverti ←————————→ Extraverti

As de cœur   As de trèfle

Émotions

---

1. *Les types psychologiques*, C. G. Jung, Georg, 1990.
2. Il s'agit de la méthode Ned Herrmann (cf. *Développez votre intelligence relationnelle* de Dominique Chalvin paru en 2003 chez ESF Éditions). Vous trouverez dans la bibliographie en fin d'ouvrage des références sur ces approches.

Nous pouvons ainsi distinguer quatre profils :

- l'as de carreau (profil directif) est concentré avant tout sur l'objectif final, d'où l'importance d'être synthétique avec lui. Il se focalise sur la manière d'atteindre le résultat, quitte à oublier les contraintes de ses collaborateurs ;
- l'as de pique (profil analytique) a d'abord besoin de comprendre pourquoi il agit, il aime donc recevoir des instructions très détaillées ;
- l'as de cœur (profil consensuel) pense avant tout à son équipe et la protège. C'est seulement lorsqu'il est sûr qu'elle est en sécurité et qu'il se sent en confiance qu'il s'engage ;
- l'as de trèfle (profil expansif) a une approche très créative et vivante, il est capable de beaucoup d'empathie.

Vous trouverez à la fin de cette pratique un tableau qui vous permettra de reconnaître ces profils chez vos interlocuteurs. Bien entendu, une personne est rarement dans une seule catégorie ; ses dominantes peuvent se situer dans deux, voire trois catégories.

Un discours personnalisé

Reprenons l'exemple de Djibril, qui est plutôt as de trèfle. Son enthousiasme, sa créativité et sa verve subjuguent son auditoire. Toutefois, après son discours lors de la réunion, aucun responsable ne savait concrètement ce qu'il avait à faire. Ainsi Victor (un exemple d'as de carreau) avait besoin d'un objectif clair, d'un délai précis et surtout de pouvoir apprécier le niveau des priorités. C'est un homme d'action qui s'embarrasse peu de sentiments. Avec une personne de ce type, soyez rapide et synthétique, en lui donnant un objectif précis soutenu par des arguments qui lui serviront à apprécier l'importance de votre demande.

Annie, à l'opposé, est plutôt as de cœur. Elle n'aime ni être pressée par le temps, ni « surcharger » ses équipes. Il faut donc la tranquilliser sur le travail à effectuer et sur la manière de le présenter à ses collaborateurs. Djibril, après avoir utilisé une approche frontale et directe, va comprendre les freins d'Annie et les lever en la rassurant, avant de développer sa demande.

Antoinette (as de pique) a besoin de comprendre pourquoi elle doit faire certaines tâches et d'avoir un maximum d'explications sur le travail à fournir. Avec elle, Djibril devra procéder méthodiquement, en s'assurant à chaque stade de sa compréhension et en détaillant ses attentes.

Il est important de se connaître soi-même, puis d'établir le portrait-robot de son opposé. En effet, si vous avez le profil d'un as de cœur par exemple, vous avez certains traits communs avec les as de pique (le côté introverti) et les as de trèfle (la dimension émotionnelle). En revanche, sachez que vos forces (l'écoute, la prise en compte de l'autre, le souci de l'harmonie) seront considérées comme des faiblesses par l'as de carreau (plus orienté sur l'action, l'objectif, l'envie de réussir).

Favorisez la compréhension de vos messages

Quelles attitudes, en tant que leader, devez-vous adopter pour vous assurer de la bonne compréhension de vos messages ?

La « cheminée » de la communication (voir figure) montre que 20 % seulement d'un discours est retenu par un auditoire. Bien sûr, vous pouvez avoir l'impression que vos interlocuteurs, ne demandant pas davantage d'explications, ont bien compris vos propos. Or ce n'est pas toujours le cas !

	% de mon message
Ce que je veux dire	100 %
Ce que je suis capable de dire	80 %
Ce que je sais	60 %
Ce que mon auditoire espère entendre	50 %
Ce que mon auditoire entend	40 %
Ce qu'il comprend	30 %
Ce qu'il retient	20 %

Nous sommes élevés culturellement en France dans l'idée qu'il est malpoli de poser des questions (que ce soit en famille, à l'école, ou en entreprise). Au-delà de l'indiscrétion dont nous pensons faire preuve, nos freins sont aussi de deux ordres :

- d'une part nous craignons de donner l'impression de critiquer l'autre (en sous-entendant qu'il n'a pas été clair) ;
- d'autre part, nous avons peur de paraître stupides si nous sommes seuls à ne pas avoir compris ses propos.

Qui n'a pas vécu une telle situation en réunion ? Pour remédier à cela, préparez une ou deux questions ouvertes (provoquant une réponse par une phrase) à poser à votre auditoire pour vérifier sa compréhension (choisissez des adverbes qui incluent le phonème « K » : quoi, pourquoi, comment...). Vous constaterez qu'en général, vous posez spontanément des questions fermées (provoquant une réponse par oui ou non), qui n'incitent pas à poursuivre l'échange.

Attention, certaines personnes en prise avec une situation inconfortable (ici l'incompréhension) se replient sur elles-mêmes dans une attitude d'indifférence protectrice (« Je ne suis pas concernée »). Elles se désintéressent alors complètement du sujet et n'entendent plus les messages, même ceux qui les concernent.

À ce stade, il est donc important de donner la parole à votre auditoire pour s'assurer de sa compréhension. Peut-être a-t-il par ailleurs des faits ou des ressentis à exprimer qui peuvent modifier votre regard sur la situation ?

N'oubliez pas qu'il existe trois manières de convaincre votre interlocuteur :

- vous êtes l'expert et vos connaissances ne peuvent être remises en cause (cependant, vous ne pouvez être expert dans tous les domaines, et votre interlocuteur risque de se sentir en situation d'infériorité, ce qui peut entraîner de la passivité ou de la rébellion sur des points mineurs ou discutables) ;
- vous lui posez des questions pour comprendre ses hésitations et orienter en conséquence votre discours (malheureusement, il peut ne pas dire tout ce qu'il pense) ;
- vous le faites réfléchir en l'interrogeant et en l'amenant à parvenir de lui-même à la même conclusion que vous. Cette dernière solution est la plus efficace, mais aussi la plus difficile à mettre en œuvre, par manque de temps et de pratique.

Évitez les malentendus

Ne pas prendre en compte l'autre et sa forme de compréhension peut engendrer des malentendus[1]. Or ceux-ci vont se traduire par la non-exécution ou la mauvaise exécution du travail demandé, par des délais non respectés, par des oublis, par de la surqualité... avec toutes les conséquences indirectes que cela peut avoir sur votre travail et sur vos relations en aval !

Des formes d'écoute différentes

La langue française est pleine de sous-entendus qui passent par les mots utilisés et le ton employé. De plus, votre interlocuteur n'est peut-être pas toujours dans les meilleures dispositions pour entendre votre message.

Nous l'avons vu précédemment, un discours n'est jamais perçu par tout un auditoire de la même manière. Lorsque vous indiquez un chemin par exemple, certaines personnes ont besoin d'un repère (« près de la mairie »), d'autres d'un plan, d'autres encore d'instructions détaillées (« 1re à droite, 2e à gauche »). Si vous ne donnez les éléments que d'une seule façon, votre interlocuteur risque de ne pas arriver à destination (ou alors avec beaucoup de retard). La solution consiste à mélanger dans vos explications les différents modes, ou à reconnaître dès le départ celui de la personne à qui vous vous adressez.

Comment faire lorsque vous avez en face de vous des personnes comme Victor, Annie ou Antoinette qui ont des fonctionnements très différents ? Soyez explicite :

- décrivez d'abord les faits (et seulement les faits) de manière synthétique. Djibril aurait pu dire : « Je constate tel et tel retard. Les conséquences prévisibles sont... » ;
- exprimez votre ressenti : « Je ressens de l'inquiétude, j'ai l'impression que... » Attention, employez le pronom personnel *je*. Évitez d'utiliser *vous* et *ils*, qui risquent d'« agresser » vos interlocuteurs ;

---

1. Pour plus de détails, nous vous renvoyons au livre de G. R. Bushe *Clear Leadership* (cf. bibliographie en fin d'ouvrage).

- proposez des solutions ou des pistes (sous forme de questions ouvertes) : « Puis-je par exemple vous proposer... » Il s'agit de revenir sur les faits et l'action pour éviter de s'enliser dans les causes du problème.

Dans tous les cas, que vous parliez ou que vous écoutiez votre interlocuteur, regardez-le dans les yeux et prêtez attention à sa gestuelle. Laissez-le s'exprimer. Tenez compte du fait que certains réfléchissent en silence avant de parler : acceptez des pauses pour cela, et évitez de les interrompre trop vite. Si vous avez un doute sur votre propre compréhension, reformulez à votre tour les propos de votre interlocuteur.

Le point sur les engagements de chacun

Après la compréhension, place à l'action ! Votre échange doit déboucher sur des engagements fermes de part et d'autre, avec des objectifs et des points de validation intermédiaires. « Je m'engage à te fournir telles informations dans tel délai. Dans l'immédiat, j'attends telle donnée de ta part, et je t'envoie tel document... »

Vous augmenterez ainsi la qualité de vos relations avec vos interlocuteurs, qui se sentiront compris, écoutés et impliqués.

Les leçons de l'expérience

L'utilisation de méthodes permettant de cerner le profil psychologique des individus peut aider à adapter son mode de communication (faits ou ressenti, données synthétiques ou détails...) à celui des personnes rencontrées.

Lorsque vous vous adressez à plusieurs personnes, mêlez les différents modes de communication afin de vous faire bien comprendre de tous. N'oubliez pas de vérifier la bonne compréhension de votre interlocuteur. Un simple « oui » ne suffit pas : posez des questions ouvertes ou faites reformuler vos propos.

Enfin, concluez votre échange par un résumé des actions que chaque partie doit entreprendre.

Trois écueils à éviter

Prendre pour argent comptant un acquiescement

Un « oui » peut être un signe d'accord ou... de lassitude. Faites reformuler à votre interlocuteur ce qu'il a compris de vos propos, ainsi que ce qu'il a ressenti.

Minimiser les objections de son interlocuteur

Vous le déconsidéreriez. Au contraire, essayez de voir en quoi ces objections peuvent faire évoluer la situation.

Croire en la magie de sa verve

Ce n'est pas celui qui parle le plus qui l'emporte, mais celui qui pose les bonnes questions.

Trois conseils à méditer

Connaissez-vous vous-même

Commencez par repérer votre profil parmi ceux définis dans ce chapitre avant d'analyser votre entourage.

Laissez à votre interlocuteur du temps pour s'exprimer

Ne soyez pas pressé de conclure votre entretien, votre interlocuteur risquerait de ne pas oser poser de questions.

Répertoriez les actions à venir

La réalisation des actions demandées sera la preuve que vous vous êtes bien fait comprendre.

Le carré d'as

AS DE PIQUE : PROFIL ANALYTIQUE	AS DE CARREAU : PROFIL DIRECTIF
Corps Posture stricte et contrôlée	**Corps** Posture ferme
Ton Peu d'inflexions, de variations	**Ton** Sûr de soi, direct, « confrontant »
Rythme Lent, réfléchi	**Rythme** Rapide, force dans l'intonation
Attitude Tourné vers les faits Formaliste, conformiste Systématique, logique Se concentre sur la discussion Partage peu ses sentiments	**Attitude** Affirme plus qu'il ne questionne Parle plus qu'il n'écoute « Carré », va droit au fait S'exprime énergiquement Peu tolérant
Mots Les faits, les chiffres Éprouvé, sans risque Analyse Références, garanties Essais, contrôles	**Mots** Gagner Objectifs, résultats Challenge, défi Efficacité, performance Maintenant

♥ (As de cœur)	♣ (As de trèfle)
AS DE CŒUR : PROFIL CONSENSUEL	**AS DE TRÈFLE : PROFIL EXPANSIF**
Corps Posture bienveillante	**Corps** Posture détendue, décontractée
Ton Peu d'inflexions, de variations	**Ton** Modulé, vivant, théâtral
Rythme Lent, posé	**Rythme** Rapide, beaucoup de gestes
Attitude Écoute plus qu'il ne parle Garde ses opinions pour lui Réservé Peu de communication verbale Compréhensif	**Attitude** Raconte des histoires Partage ses sentiments Exprime ses opinions Dévie la conversation Perception flexible du temps
Mots Pas à pas, progressif Aider, accompagner Partage, cohésion Promesse, engagement Accord, consensus	**Mots** Amusant Passionnant Je ressens Créer une relation Reconnaissance

Susciter la confiance
et la coopération au quotidien

La réussite d'un projet se trouve au bout d'un long chemin parsemé de joies et d'embûches. Durant tout ce parcours, votre équipe évolue au gré des départs et des arrivées. L'enthousiasme du début cède progressivement le pas à la routine, aux petits riens qui font les bonnes ou mauvaises journées. Votre rôle, en tant que leader, est d'entretenir constamment la flamme. Il vous faut fidéliser les membres de l'équipe projet, leur montrer votre écoute et leur donner régulièrement des signes de reconnaissance.

Histoire vécue

Lorsque Maxence a été nommé chef de projet sur la réorganisation de la maintenance, il n'était pas mécontent de changer de poste tout en restant dans son domaine. Après quatre ans à la tête du département de la maintenance, il en avait assez de sa vie de « chef pompier » corvéable à merci.

Les premiers jours dans sa nouvelle fonction lui parurent insolites. Fini les coups de feu imprévus et le difficile équilibre à trouver entre maintenance et dépannages pour l'allocation des hommes. « Après tout, gérer un projet, c'est comme gérer une équipe de maintenance, se dit

Maxence. Je vois rarement mes troupes, mais il suffit qu'elles sachent ce qu'elles ont à faire, que je les réunisse régulièrement et que je les observe le reste du temps pour que cela fonctionne. »

Très rapidement, Maxence veut s'imposer comme le leader reconnu. Plein d'ardeur, il réunit son équipe projet et lui donne ses premières consignes : « Voilà ce que j'attends de chacun de vous. S'il y a des difficultés, arrangez-vous entre vous. Je ne peux pas être partout, alors merci de ne me remonter que des affaires que vous aurez déjà essayé de résoudre. » Par la suite, il rabroue quelques malheureuses tentatives de collaborateurs souhaitant lui faire part de leurs besoins ou d'incidents. De son côté, il se plonge dans l'administration du projet, afin de mettre en forme les idées qu'il souhaite voir aboutir.

Au bout de deux mois, le « réveil » est difficile. Le projet prend du retard, et surtout le mécontentement gronde. Maxence est pris à partie non seulement par Alain, son directeur, mais aussi par les responsables hiérarchiques de certains de ses équipiers. Tous lui reprochent de confondre le management d'une équipe projet (dans laquelle rôles et savoirs peuvent être variés) avec celui d'une équipe de maintenance (dans laquelle le travail est plus homogène et autonome) : « Change ta méthode ! », « Sois plus près d'eux ! », « Écoute-les ! » entend-il régulièrement.

Maxence ne comprend pas très bien ce qui lui arrive alors qu'il pensait maîtriser la situation. Il se dit que ces difficultés vont disparaître une fois que chacun aura trouvé sa place, mais décide toutefois de modifier son comportement. Tous les jours désormais, il fait la tournée de son équipe, vérifie le travail effectué et donne des consignes. Si cela plaît à certains, pour d'autres le remède est pire que le mal : « Pourquoi joue-t-il au policier ? Il ferait mieux de nous aider vis-à-vis des donneurs d'ordre... »

Puis les premières demandes de mutation au sein de l'équipe arrivent. Les raisons invoquées pour changer d'affectation sont variées. Maxence a une discussion houleuse avec Alain sur le sujet, car il est partisan de laisser partir ceux qui le souhaitent (« Qu'ils prennent le large ! Moi, je ne retiens personne... »). Alain attire son attention sur le fait que tous ces équipiers sont expérimentés et difficiles à remplacer rapidement. « C'est bien beau d'avoir de grands principes, mais pense aux délais à respecter pour ton projet ! »

À nouveau sommé par son responsable de modifier son attitude (« Apporte-leur de la valeur ajoutée ! »), Maxence se décide à rencontrer les principaux donneurs d'ordre, mais l'entrevue se passe assez mal. Ses interlocuteurs lui expliquent qu'il n'est pas là pour mettre en œuvre ses idées – aussi bonnes soient-elles – mais pour effectuer une analyse des besoins. Il doit donc d'abord les écouter.

Maxence passe alors en mode « management de crise ». Il réunit son équipe toutes les semaines, vérifie le travail effectué et tempête contre les retardataires, mais rien n'y fait... Certains équipiers expérimentés demandent à Alain, son responsable, d'organiser une réunion. Lors de celle-ci, chacun donne son avis sur le comportement de Maxence : « il commande sans expliquer », « il veut tout contrôler », « il passe trop de temps sur les erreurs », « il laisse les problèmes dégénérer », « il n'arrête pas de nous dire que nous sommes mauvais »...

Le projet avance peu, Alain est embêté... Pourtant, il lui semble que Maxence est l'homme de la situation. Ce chef de projet connaît en effet très bien le domaine considéré, il a des idées intéressantes et ne laisse rien passer. S'il réussissait à diriger d'une main ferme et efficace son équipe de techniciens, il a du mal en revanche à changer de mode de management. Pour trouver une solution, Alain envoie Maxence en formation. Prenant cela comme une brimade, ce dernier part vexé, se ferme et écoute peu les messages du consultant et des autres participants. « Je sais..., je connais..., c'est ce que je fais... » répète-t-il à tout bout de champ.

Maxence se referme sur lui-même, avec une petite garde rapprochée autour de lui, des collaborateurs qu'il connaît bien et avec qui il partage les mêmes valeurs. Cela déstabilise l'équipe et nuit même aux relations entre ses membres.

Parallèlement, son directeur intervient de plus en plus dans le projet. Maxence l'observe et ne voit pas en quoi sa manière de faire diffère de la sienne : Alain réunit l'équipe, écoute, donne des consignes... Pourtant, progressivement, les retards s'estompent, la mécanique se met en place et le projet avance tant bien que mal. « C'est parce qu'il est le chef qu'ils lui obéissent, se console Maxence. Quand même, il n'y connaît rien en maintenance, heureusement que je suis là ! »

Finalement, Alain demande à Maxence de reprendre son ancien poste, son successeur venant de donner sa démission. Dans le même temps, il nomme un nouveau chef de projet. Soulagé, et finalement content de retourner dans un univers familier, Maxence accepte. Il retrouve son bureau, son équipe de techniciens et sa vie de « chef pompier ». Pourtant, son échec lui pèse : « Pourquoi est-ce que cela n'a pas fonctionné ? J'ai pourtant tenté d'agir au mieux. Quelle est ma part de responsabilité ? »

Maxence n'a pas perdu tout contact avec l'équipe projet. Comme son domaine est le premier concerné, il participe à nombre de réunions. Son successeur lui semble bien discret. Il écoute beaucoup, parle peu, mais ses paroles ont du poids. Son équipe semble l'apprécier et le projet a l'air bien parti. De son côté, après une « lune de miel » avec son équipe de maintenance, Maxence commence à s'ennuyer. Cette vie qu'il appréciait lui pèse désormais. Il regrette la stimulation intellectuelle du projet, les débats créatifs et les discussions avec des personnes aux caractères si différents.

_____ **Les questions-clés** _____

Maxence a échoué : lui qui était reconnu comme un leader par son équipe de techniciens n'a pas su le devenir auprès d'une équipe projet. Les reproches qui lui sont faits font état de faiblesses, notamment quant à son écoute et à la reconnaissance du travail effectué. Il ne suffit pas de maîtriser un projet et de le « vendre » à l'équipe, il faut aussi le faire vivre au quotidien en suscitant la confiance et la coopération de tous les participants.

?   Comment fidéliser les membres de l'équipe projet ?

?   Comment montrer son écoute ?

?   Comment donner des signes de reconnaissance adaptés à chacun ?

Pour une équipe fidèle

Une équipe projet est par nature instable dans le temps puisqu'elle est constituée de manière plus ou moins temporaire. Ses membres n'ont donc jamais un horizon lointain devant eux, sauf exception. Bien plus, elle est déstabilisée par les départs et les arrivées tout au long du projet.

Les causes de départ

Hormis dans certaines circonstances particulières (suivi du conjoint, promotion…), nombre de départs ont lieu « pour des raisons personnelles », appellation pudique qui cache souvent des causes inavouées comme une difficulté relationnelle.

Des études de l'institut Saratoga[1] révèlent que dans plus de la moitié des cas, les départs sont liés à des mésententes avec le supérieur hiérarchique (33 %) et au travail lui-même (20 %). Dans ce dernier cas, il s'agit aussi bien des conditions de travail que du sentiment d'avoir subi une erreur d'affectation.

Cette hémorragie des talents, lorsqu'elle n'est pas maîtrisée, handicape grandement la réalisation d'un projet. Elle entraîne une perte de temps énorme (passage de relais, mise à niveau des compétences du nouveau venu…) et nécessite la reconstruction de l'équipe.

Le rôle du leader est de favoriser la stabilité de l'équipe. Cet aspect de sa fonction devient de plus en plus important dans un environnement où le recrutement de personnes expérimentées est difficile, la concurrence – y compris en interne – étant effrénée.

Une équipe projet est constituée d'individus qui apportent chacun leur pierre à l'édifice[2]. Dans tout groupe se dégagent très vite un ou plusieurs leaders psychologiques (ceux que les autres écoutent ou vont spontanément voir lorsqu'ils ont un besoin) et des experts pointus sur un domaine particulier. Comme vous ne pouvez pas accompagner tout le monde de la même manière, concentrez-vous sur les leaders positifs et sur les spécialistes dont vous avez besoin en priorité dans le groupe.

En effet, ce sont eux qui cimentent l'équipe. Les leaders psychologiques assurent l'ambiance et l'entente au sein du groupe. Les experts, de leur côté, favorisent le développement des compétences des membres de l'équipe (ils doivent comprendre que la transmission de leur savoir se fait dans l'intérêt de tous).

Limitez les erreurs d'affectation

Une équipe projet est souvent bâtie en analysant les besoins, puis en y associant des compétences disponibles. Les postes sont donc répartis sur des critères d'abord objectifs, puis progressivement en fonction des personnes libres. Par conséquent, les contenus de poste

---

1. Groupe Price Coopers Waterhouse.
2. Cf. *Bâtir une équipe performante et motivée* de R. Cayatte dans la même collection.

ne correspondent pas forcément aux attentes des équipiers. Toutefois, les déçus n'osent pas toujours le montrer et refuser la mission (bien souvent, ils ne savent même pas précisément ce qu'ils veulent, ni ce qui les attend…). Au bout de quelques semaines (voire de quelques mois), des tensions liées aux désillusions peuvent survenir, elles se traduisent par des attitudes allant de la colère à la passivité.

En tant que leader, une fois votre équipe en main, ne vous en tenez pas seulement aux résultats obtenus. Vous devez vous entretenir régulièrement avec chacun de vos équipiers pour mieux comprendre ses attentes et ses motivations.

Ainsi, une personne peut se voir confier un poste pour lequel elle est reconnue comme experte – dans la mesure où elle l'a déjà assumé plusieurs fois avec succès –, alors qu'elle aspire à de nouveaux horizons.

Lors de la constitution de votre équipe, soyez très clair avec les collaborateurs sélectionnés. Il est important d'être précis quant à ce que vous attendez d'eux. Définissez ensemble leur rôle et analysez leurs perspectives (développement des compétences) à l'issue du projet. Une sérieuse mise au point au départ vous évitera bien des rancœurs par la suite.

Une bonne solution consiste à négocier si besoin avec sa hiérarchie une marge de manœuvre pour faire évoluer certains postes. Sans remettre en cause la grille des qualifications de l'organisation, ces ajustements peuvent répondre à des attentes d'équipiers souhaitant évoluer plus vite que prévu. Ainsi, dans certaines équipes projets composées de dix à quinze personnes, la création de postes de coordinateur offre à des professionnels expérimentés l'opportunité d'encadrer deux ou trois « juniors ». Cela les prépare à un futur poste de chef de projet, tout en déchargeant un peu le responsable en titre.

Œuvrez pour l'épanouissement de chacun

Nous avons dit plus haut que la première cause de départ d'une équipe était la mésentente avec le chef de projet. Qu'attendent donc au juste les membres d'une équipe de cette personne-clé ?

Un équipier aime avoir affaire à un leader qui lui offre un cadre de travail, l'aide à progresser et le stimule.

Nous avons étudié dans les pratiques n° 2 et 3 la mise en place d'un cadre de travail personnalisé. Essayons maintenant de voir comment vous pouvez, en tant que leader, aider vos équipiers à progresser. La réponse est simple : en répondant à leurs aspirations. Ici encore, il faut vous adapter à la personnalité de chacun. Pour certains, la progression passe par une amélioration des conditions de travail (ordinateur plus performant, environnement de travail moins bruyant...). Pour d'autres, elle est liée à leur qualité de vie, au travers de compromis facilitant le rapport entre leur vie privée et leur vie professionnelle (par exemple des horaires de réunions adaptés).

Plus classiquement, vous aiderez un collaborateur à progresser en lui faisant accroître ses compétences, en variant ses activités, en lui proposant d'endosser de temps à autre un rôle différent... Nombre de ces actions sont à votre portée, sans autorisation formelle de la direction ou des ressources humaines (avec toutefois leur bienveillante neutralité). Ainsi, vous donnerez du sens aux tâches quotidiennes.

Si cela peut vous sembler être une charge de travail supplémentaire, retenez que, selon l'étude Saratoga citée plus haut, il faut proposer au moins 20 % d'augmentation de salaire pour débaucher un salarié satisfait, mais seulement 5 % s'il est insatisfait !

Apprenez à écouter vraiment

Vous pensez être disponible pour vos équipiers, mais les écoutez-vous vraiment quand ils vous parlent ? Et eux, se sentent-ils écoutés ? Le fait, pour le leader, d'écouter son équipe – et plus globalement son environnement – lui permet de rester « connecté » en permanence avec eux.

Il y a *écoute* et *écoute*

Montrer à l'autre qu'on l'écoute, c'est lui donner envie de s'exprimer, de parler sur lui-même, afin de mieux le connaître et de mieux le comprendre. Cela signifie écouter sans rien faire d'autre, percevoir la signification que les mots ont pour celui qui les prononce, sans

l'interrompre. Il vous faut aussi adopter une attitude et une gestuelle indiquant votre concentration.

Soyez attentif, et vous constaterez que vous orientez votre écoute sur
les faits (pour comprendre un raisonnement), sur les solutions ou
encore sur le ressenti de l'autre. Cela signifie que votre écoute est
sélective. Or, idéalement, il faudrait tout entendre à fois. Si vous n'y
prenez garde, vous pouvez passer à côté du sens d'un message.

Ainsi, imaginons qu'un équipier vienne vous voir parce qu'il a un
problème technique. Vous l'écoutez pour trouver une solution pratique, mais peut-être souhaite-t-il en réalité vous faire part de son
ressenti. Êtes-vous prêt à l'entendre ?

Comment développer son écoute ?

La qualité de votre écoute dépend de l'image que vous avez de vous-
même et du regard que vous portez sur l'autre. La configuration
idéale correspond bien sûr au cas où vous portez sur vous-même et
sur votre interlocuteur des regards positifs : votre écoute est alors
optimale et les échanges sont de qualité.

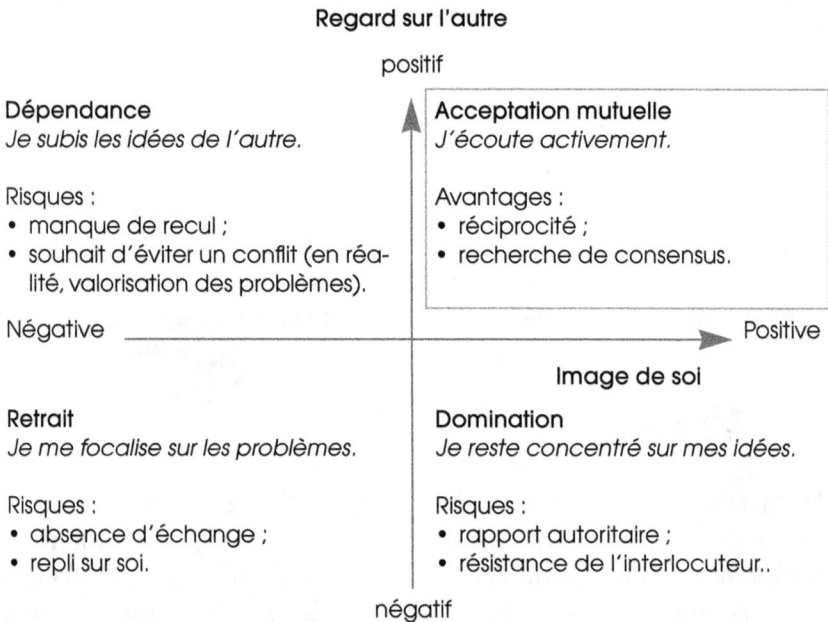

Regard sur l'autre

positif

Dépendance *Je subis les idées de l'autre.* Risques : • manque de recul ; • souhait d'éviter un conflit (en réa- lité, valorisation des problèmes).	Acceptation mutuelle *J'écoute activement.* Avantages : • réciprocité ; • recherche de consensus.
Négative ————————————	—————————→ Positive **Image de soi**
Retrait *Je me focalise sur les problèmes.* Risques : • absence d'échange ; • repli sur soi.	Domination *Je reste concentré sur mes idées.* Risques : • rapport autoritaire ; • résistance de l'interlocuteur..

négatif

Améliorer son écoute est un travail délicat qui suppose de prendre conscience de son mode d'écoute, à la fois pour soi (ses propres interprétations) et pour l'autre (ce qu'il comprend et ressent).

Voici quelques conseils pour progresser :

- évitez d'avoir des idées préconçues et tenez-vous prêt à entendre des points de vue différents des vôtres ;
- ne jugez pas et ne critiquez pas (attention aux « non » catégoriques !) ;
- clarifiez immédiatement et systématiquement les sous-entendus ;
- veillez à la formulation de vos questions (ni inquisitrices, ni orientées).

Donnez des signes de reconnaissance constructifs

Les signes de reconnaissance peuvent concerner :

- la tâche (« ce travail est bien ou mal fait »), il s'agit de signes *conditionnels* ;
- la personne (« vous êtes efficace »), on parle alors de signes *inconditionnels*.

Tous peuvent être positifs ou négatifs.

Dans notre culture, le signe de reconnaissance le plus employé concerne la personne et est négatif. Le travail bien fait est considéré comme normal, il n'entraîne donc pas de reconnaissance particulière. Et pourtant, nous avons tous besoin de savoir que nous avons bien agi. Qui ne s'est jamais dit à la fin d'une journée ou d'une tâche : « Je suis content de moi » ? Le manque de reconnaissance peut conduire à en demander, de manière parfois maladroite (la révolte provoque ainsi des signes négatifs, qui seront préférés à une absence de réaction...).

Votre rôle en tant que leader est de donner des signes de reconnaissance positifs ou du moins constructifs. Montrer des signes de reconnaissance inconditionnels positifs à votre interlocuteur, c'est lui témoigner votre respect en tant qu'individu (toute personne a des qualités). Ces signes l'encouragent et l'aident à évoluer et à développer l'estime qu'il a de lui-même.

Toutefois, cela ne signifie pas que les qualités pointées du doigt sont en conformité avec les compétences requises. Vous pouvez donc exprimer aussi des signes de reconnaissance conditionnels négatifs sur les compétences de la personne dans le cadre de la réalisation d'une tâche en particulier (ses limites en termes de savoir, de savoir-faire ou de « savoir-être) ».

Ces signes doivent être donnés dès qu'ils sont nécessaires. Attention, un signe conditionnel négatif doit toutefois être suivi d'une recherche d'amélioration, afin de rester dans une démarche constructive.

Reprenons les typologies comportementales présentées dans la pratique n° 5. Les as de pique sont plutôt avares de compliments, tandis que les as de trèfle sont beaucoup plus expansifs. Voici, résumées dans le tableau suivant, les attitudes à adopter avec les différents types comportementaux.

AS DE PIQUE	AS DE CARREAU
Être centré sur les faits	Être centré sur les faits
Partir du raisonnement	S'orienter vers l'action à venir
Donner des détails	Être rapide et concis (synthétique)
Agir de manière sobre	
AS DE CŒUR	**AS DE TRÈFLE**
Établir d'abord une confiance réciproque	Souligner l'intérêt porté aux idées
	Favoriser sa créativité
Souligner l'impact des actions sur les autres personnes concernées	Poser des questions fermées pour rester dans le cadre de l'échange
Poser des questions ouvertes pour favoriser l'expression	Faire preuve d'empathie
Accorder du temps	

Les leçons de l'expérience

Faire vivre son projet dans le temps demande de la constance et de la disponibilité. Soumis à une forte charge de travail, vous risquez, si vous n'y prenez garde, de tomber dans la résolution des problèmes urgents et de ne plus voir l'essentiel.

Dans ce contexte, le leader charismatique joue un rôle-clé en favorisant les bonnes relations entre les personnes. Il y contribue d'abord au niveau collectif en fidélisant les membres de l'équipe, puis au niveau individuel par son écoute au quotidien. Il valorise enfin les individus en leur donnant des signes de reconnaissance, positifs ou négatifs, ce qui favorise l'émulation au sein de l'équipe.

Trois écueils à éviter

Considérer l'équipe comme immuable
Des remaniements sont inévitables, mieux vaut vous y préparer !

Prendre de la distance dans son écoute pour paraître impartial
Les attitudes distantes sont perçues par la majorité des gens comme des signes de supériorité.

Négliger les erreurs de ses équipiers
S'ils s'en rendent compte, ils prendront cela pour de la peur ou du désintérêt.

Trois conseils à méditer

Jouez sur les phénomènes de groupe
Fidéliser, c'est donner envie d'appartenir à un groupe. Plus le groupe sera cimenté et solidaire, moins vous aurez de départs volontaires.

Tenez compte du mode d'écoute de l'autre
Un expansif attend une réaction expansive, tandis qu'un mesuré espère une attitude mesurée.

Reconnaissez l'autre pour ce qu'il est, vous lui donnerez de l'énergie
Les études médicales sur les bébés ont montré que tout petits déjà, ils réclament des signes de reconnaissance.

Conséquences des différentes formes d'écoute

Voici une échelle d'attitude sur l'écoute active, inspirée des travaux du psychosociologue américain Elias Porter. Pour ce dernier, l'écoute peut être présentée au travers de six attitudes : le jugement, la décision, le soutien, l'interprétation, l'enquête et la compréhension (reformulation).

Spontanément, nous utilisons les cinq premières attitudes. La dernière, l'écoute optimale, ne s'obtient qu'après un travail personnel.

Imaginons que vous rencontriez dans le couloir votre responsable, qui vous dit : « Je suis inquiet, le projet prend du retard alors que nous étions en avance il y a deux mois. »

Voici des exemples de réponses possibles selon votre attitude d'écoute.

Attitude	Contenu	Exemples	Effets positifs et négatifs
Jugement	J'approuve mon interlocuteur, je le désapprouve, je donne mon idée sur ce qu'il a exprimé ou sur ce qu'il est.	« D'après vous, nous ne faisons rien ? »	+ Si je donne raison à mon interlocuteur, je lui fais plaisir. – Si je lui donne tort, il peut se sentir attaqué.
Décision	Je dis à mon interlocuteur ce qu'il doit ou ce qu'il devrait faire et lui propose des solutions.	« Je vais bousculer l'équipe responsable ! »	+ Je suis constructif. – Je limite l'autonomie de mon interlocuteur.
Soutien	Je veux calmer mon interlocuteur, le consoler, lui remonter le moral.	« Je vous rassure, cela va s'arranger. »	+ Mon interlocuteur se sent rassuré. – Je donne l'impression de me débarrasser ainsi à bon compte des problèmes.
Interprétation	Je traduis les paroles entendues et propose des explications. Cela nécessite l'accord de mon interlocuteur sur mon interprétation.	« J'avais bien dit que nous étions sous-dimensionnés. »	+ Je donne un autre éclairage. – Mon interlocuteur peut craindre par la suite de parler s'il trouve mon interprétation hâtive.
Enquête	J'interroge mon interlocuteur, je le questionne. Je l'incite à répondre.	« Est-ce pareil ailleurs ? »	+ Je montre de l'intérêt. – Mon interlocuteur peut s'impatienter et avoir l'impression de passer un interrogatoire.
Compréhension (reformulation)	J'exprime ce que j'ai perçu de mon interlocuteur. Je lui renvoie cette image sans y ajouter ou y retrancher quoi que ce soit.	« Je perçois de l'inquiétude dans vos propos. »	+ Mon interlocuteur se sent écouté. – Je peux montrer un refus de dire ce que je pense.

* D'après l'échelle d'Elias Porter.

Motiver et accompagner l'action

Tout comme personne ne vit d'amour et d'eau fraîche, un projet n'avance pas seulement avec de bons sentiments et de belles paroles. Il doit aboutir dans les délais définis, contre vents et marées. En bon capitaine, votre rôle est de guider l'équipe. Pour cela, vous devez lui fixer des objectifs motivants et l'accompagner tout au long du chemin, sans oublier de corriger le tir si le bateau dévie du cap fixé.

Histoire vécue

Mélanie a bien préparé sa réunion d'équipe : elle a mis à jour sa présentation habituelle avec le tableau de bord du projet et les indicateurs de production. C'est pour elle une étape importante, car elle est bien consciente qu'un certain nombre de dérives commencent à apparaître. Elle en a d'ailleurs fait part à son responsable, qui lui a répondu : « Accentue la pression ! Tu maternes beaucoup trop tes collaborateurs. Une équipe projet transverse, c'est fait pour aller plus vite, pas pour perdre son temps en réunions. Je compte sur toi ! »

Soucieuse de paraître positive face à son équipe, Mélanie a affûté ses arguments sur chaque indicateur. « C'est vrai qu'il y a des dérives, mais elles peuvent être corrigées si tout le monde s'y met ! » se dit-elle.

À l'heure convenue, ses collaborateurs arrivent progressivement dans la salle de réunion. Ils sont une petite dizaine, tous plus ou moins expérimentés en mode projet. Mélanie sent tout de suite une certaine morosité ambiante. Au lieu de plaisanter les uns avec les autres, ses équipiers s'asseyent tranquillement et se plongent dans leurs notes... ou même dans leur journal ! Mélanie essaye de détendre l'atmosphère, mais sans succès. « Cela commence bien... », songe-t-elle.

Elle lance alors la phrase d'ouverture de la réunion : « Bonjour à tous et bravo pour votre ponctualité ! Un quart d'heure de retard, pas plus que d'habitude. Aujourd'hui, nous en sommes au tiers de l'avancée du projet. C'est l'occasion de faire un bilan intermédiaire. Globalement, vous verrez qu'il y a de bonnes nouvelles et quelques éléments à améliorer. Examinons cela dans le détail. » La litanie des objectifs commence...

Mélanie essaye, sur les points-clés, de susciter un débat, des échanges, mais le groupe ne répond que par monosyllabes. Elle interpelle alors l'un de ses équipiers, connu pour être un leader « positif » : « Et toi, Jacques, que penses-tu du dernier chiffre ? » Après un temps de réflexion, Jacques prend la parole : « C'est vrai qu'il y a un écart, mais selon l'objectif de la direction. Nous t'avions dit dès le départ que ce délai ne pouvait être tenu vu le retard pris dans la diffusion des informations. Personnellement, je suis satisfait de l'avancée du projet, car je m'attendais à pire. »

Mélanie, surprise, n'a pas le temps de répondre que Bruno, un leader « négatif », prend la parole : « Je suis d'accord avec Jacques. Moi, j'ai appris dans un séminaire qu'un objectif se discute et se négocie. Les objectifs dont tu nous parles ne sont pas les miens. Je ne me sens pas impliqué. Je fais de mon mieux, mais à l'impossible, nul n'est tenu... » Mélanie sent que la réunion prend une mauvaise tournure. Elle intervient vigoureusement pour corriger le tir : « Je n'accepte pas que vous rejetiez la faute sur la direction. C'est notre client principal qui nous a imposé de mener ce projet rapidement. À nous de savoir si nous voulons du travail ici demain ou si nous préférons le chômage ! Je vous ai d'ailleurs déjà expliqué que la réussite de ce projet offrait une excellente opportunité pour l'entreprise de se développer sur de nouveaux domaines prometteurs. Vous devriez être fiers de faire partie des pionniers. C'est aussi pour vous une bonne occasion d'élargir vos domaines de compétences. Alors, arrêtez de jouer les rabat-joie et mettez-vous plutôt au travail pour tenter de réduire le retard. » La réunion se poursuit avec l'élaboration d'un plan de rattrapage, adopté sans grande conviction.

Une fois de retour dans son bureau, Mélanie s'inquiète : « Quelle bande de grognons ! À la fois, je ne peux pas leur donner totalement tort. La direction a effectivement eu la main un peu lourde sur les délais. » Tout à coup, alertée par un toussotement, elle lève la tête et voit Jacques qui se tient à l'entrée du bureau, l'air un peu gêné. L'accueillant aimablement, elle l'invite à s'asseoir. Son collaborateur, en se tortillant sur sa chaise, entre directement dans le vif du sujet : « C'est pour ton bien que j'ai ouvert le feu lors de la réunion. D'autres s'apprêtaient à le faire, je le savais, et cela aurait pu être moins mesuré. Nous t'apprécions comme chef de projet parce que tu nous protèges des soubresauts d'en haut. Toutefois, les délais sont irréalistes. Je n'attends pas que tu le reconnaisses ouvertement. Si tu te tais, je comprendrais… »

Mélanie choisit de se taire. Jacques attend un moment, sourit, se détend et reprend : « Je sens mes collègues démotivés. Le projet est intéressant, nous touchons de nouveaux domaines et cela profite à l'entreprise. Néanmoins, pourquoi nous traite-t-on comme des enfants ? La pression n'a pas que du bon ! Elle nous pousse à agir à la va-vite, à refaire les choses plusieurs fois, ce qui crée une mauvaise ambiance au sein de l'équipe. »

La chef de projet lui demande alors ce qu'il propose. Jacques hésite un instant, puis reprend : « Je ne vais pas t'apprendre ton métier. À toi de voir ce que tu peux faire ! » Puis, devant l'insistance de Mélanie, il lui suggère d'accompagner davantage l'équipe. Une fois seule, Mélanie se demande comment redonner à son équipe goût au projet. Après maints réflexions et échanges avec ses collègues, elle réunit ses collaborateurs pour leur expliquer son idée : « J'ai été trop accaparée ces derniers temps par la gestion administrative du projet. Maintenant, cela s'améliore. Je vais donc pouvoir passer plus de temps avec vous pour vous épauler. Je n'effectuerai pas votre travail, mais je ferai en sorte de vous déblayer le terrain. Maintenant, revenons aux objectifs. Le délai final est ferme et non négociable. Toutefois, il est possible que certains objectifs intermédiaires ne soient pas bien calculés. J'aimerais que nous en discutions. »

Le groupe se met au travail. Deux heures plus tard, un nouveau planning est défini. Cela ne se fait pas sans mal, car si une large majorité de l'équipe est d'accord sur le principe, certains de ses membres souhaitent encore revoir le délai final (ce groupe estime qu'il est aberrant de travailler plus lentement au départ pour espérer aller plus vite ensuite) : « Dans six mois, vous verrez que nous avions raison ! » Finalement, la majorité de l'équipe entérine le plan fraîchement défini.

Forte de cette victoire, Mélanie décide de conforter ses « partisans ». Elle les reçoit individuellement pour finaliser le détail du plan. Puis, c'est le tour des « opposants » qui, les uns après les autres, lui répètent que le délai est impossible à tenir et que le projet court à l'échec. Elle sait bien que si elle leur impose une solution, ils peuvent tout faire échouer par leur passivité. Comment dans ce cas trouver un compromis sans céder sur l'essentiel ?

Mélanie est concentrée sur ses objectifs. Elle croit à la réussite du projet dans les délais fixés, mais ne semble pas à avoir réussi à partager sa conviction avec son équipe. Peut-être ne connaît-elle pas bien la motivation de chacun.

? Dans quelles conditions sommes-nous motivés ?

? Sommes-nous tous égaux devant la motivation ?

? Comment stimuler ses collaborateurs ?

De la loyauté à la motivation

Ne confondez pas *loyauté* et *motivation*. La loyauté mesure la propension des collaborateurs à rester dans l'équipe (voire dans l'entreprise). La motivation reflète leur capacité à s'y investir pour atteindre le résultat souhaité.

L'objectif ne suffit plus

Il fut un temps où les « gourous » du management disaient : « Donnez leur un objectif, et tout ira bien » (Taylor[1]). Puis vint l'époque où l'on préconisait de répondre à des niveaux de besoins (Maslow, Herzberg[2]). Aujourd'hui, il faut aller plus loin.

Claude Levy-Leboyer[3], spécialiste français de la motivation, parle même de « crise des motivations ». Il relie cela à des causes de fond comme la baisse de la valeur « travail » (temps consacré au travail et

---

1. Frederick Winslow Taylor (1856-1915) était un ingénieur américain qui mit en application l'organisation scientifique du travail, qui est la base de la révolution industrielle du XXᵉ siècle.

2. Besoins physiologiques, de sécurité, d'appartenance à un groupe, d'estime des autres et d'accomplissement personnel.

3. Cf. bibliographie en fin d'ouvrage.

rapport à la vie privée) ou le lien distendu entre l'entreprise et le salarié (qui devient un « mercenaire »).

Il faut aussi considérer la difficulté pour l'entreprise à prendre en compte la spécificité des besoins de chacun en termes de motivation. Ainsi, un travail intéressant signifie pour certains qu'il est varié, et pour d'autres, qu'ils ont du temps pour l'approfondir.

Une organisation ne peut plus prétendre motiver ses collaborateurs. Elle peut en revanche créer les conditions de cette motivation en offrant au chef de projet toutes sortes d'outils, normes et référentiels qui lui permettent d'agir auprès de chacun de ses équipiers.

Le socle de la motivation

Pour Abraham Maslow, nous pouvons commencer à motiver ou à être motivé si nous avons satisfait nos besoins primaux (manger, dormir…) et si nous sommes en sécurité (revenu suffisant…). D'autres approches plus récentes[1] mettent en avant trois registres d'attentes fondamentales :

- le sentiment d'équité (salaire, traitement, écoute…) ;
- le sentiment de réalisation (progression, travail valorisant, reconnaissance…) ;
- la camaraderie (bonnes relations, entraide, coopération…).

Reprenons le cas de Mélanie. Elle n'a pas échoué dans son rôle suite à une erreur de management, mais parce que les critères ci-dessus n'étaient pas remplis. Ses équipiers ont pâti d'une mauvaise atmosphère de travail et d'une absence de reconnaissance et de valorisation. Vous pouvez posséder tous les atouts d'un leader charismatique, mais si vous n'arrivez pas à créer une bonne harmonie au sein de votre équipe et dans ses rapports avec l'environnement, le « courant » de la motivation ne passera pas.

Revenons à la grille de Mihaly Csikszentmihalyi (cf. pratique n° 3). L'un des enseignements de cette approche est que la manière dont nous percevons une activité, plus que l'activité elle-même, la rend à nos yeux plus ou moins plaisante

---

1. Étude Sirota Consulting, 2005.

Un objectif motivant, pour un équipier, doit donc s'accompagner :

- de la recherche d'un dépassement de compétences (envie de progresser) ;
- d'un certain niveau de difficulté (défi) ;
- d'un retour attendu (félicitations, prime…) ;
- d'un horizon de temps suffisamment court ;
- d'une mesure (individuelle ou collective) précise du résultat ;
- de moyens appropriés pour l'atteindre.

Des motivations différentes

Votre action en tant que leader consiste à écouter et à observer vos collaborateurs, afin de déterminer leur type de motivation (vous n'avez pas à rechercher les causes de cette motivation, car elles sont souvent liées à l'environnement familial, à l'éducation reçue et aux expériences vécues en entreprise).

Il existe deux grandes formes de motivation : la motivation intrinsèque et la motivation extrinsèque.

Avantages et limites de la motivation intrinsèque

La motivation intrinsèque pousse à réaliser une tâche pour le plaisir et la satisfaction que l'on en retire, sans attendre de récompense extérieure particulière. L'autodétermination et le sentiment d'accroître ses compétences (ou de les mettre en valeur) jouent ici un rôle primordial. À l'opposé, dans ce contexte, toute pression ou contrainte fait baisser la motivation. Nous pouvons distinguer :

- **les motivations intrinsèques normatives,** qui sont fondées sur la réalisation d'un travail selon des normes précises (le comptable qui établit une balance carrée juste, le technicien qui réussit à réparer un matériel…). La personne qui fonctionne avec ce type de motivation a besoin d'un cadre bien défini auquel se référer. En tant que leader, vous devez lui apporter la sécurisation, tout en faisant preuve d'autorité ;
- **les motivations intrinsèques hédonistes** pour lesquelles ce sont la mise en projet, seule ou en groupe, et la valorisation du

professionnalisme qui priment. Celui qui les ressent a besoin d'un contexte agréable, lui donnant envie de faire du bon travail. Il aime travailler en équipe, partager, savoir où il va… Les actions à mener pour l'aider à évoluer dans cet environnement peuvent être aussi bien individuelles (en mêlant à la fois le défi et la stimulation de ses compétences) que collectives (plaisir du travail et de la réussite en équipe).

Avantages et limites de la motivation extrinsèque

Dans le cas de la motivation extrinsèque, le collaborateur agit dans l'intention d'obtenir une récompense. Celle-ci peut être financière (prime) ou morale (être cité pour les résultats atteints).

Dans ce contexte, la pression sous la forme d'un objectif à atteindre joue un rôle positif. Des signes de reconnaissance positifs ou négatifs centrés sur la tâche (cf. pratique n° 6) seront particulièrement efficaces et appréciés.

Résumons ces types de motivation dans le tableau suivant.

Motivation	Attentes	Formes d'actions adaptées
Extrinsèque	Récompense	Objectif à horizon court avec une récompense à la clé
Intrinsèque normatif	Norme, cadre	Travail dont la personne peut vérifier la qualité et l'avancement
Intrinsèque hédoniste	Plaisir	Mise en projet individuelle ou collective

Stimulez vos collaborateurs

Dans la zone d'apprentissage

Si un objectif négocié et partagé dynamise une personne, un objectif perçu comme trop ambitieux la met dans une zone d'inconfort, voire d'anxiété ou d'abattement.

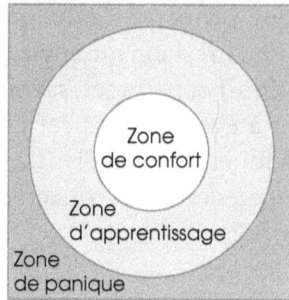

Cependant, pour espérer apprendre, il faut sortir de sa zone de confort individuel et passer en zone d'apprentissage, ce qui signifie prendre un risque.

À vous d'accompagner vos équipiers dans leur zone d'apprentissage. En les connaissant bien, vous saurez agir aux niveaux collectif et individuel pour les garder en permanence dans cette zone. Ici encore, appuyez-vous sur les typologies comportementales définies dans la pratique n° 5, car la perception du risque (et de la nouveauté en général) est différente chez chacun.

Ainsi, les as de carreau et les as de trèfle (donc les individus extravertis) sont souvent plus tentés par l'aventure, le défi. Ils ne sont pas plus courageux, mais leur mode de fonctionnement les entraîne vers le futur, vers un but à atteindre. Ils auront donc davantage tendance à sortir de leur zone de confort pour s'installer dans leur zone d'apprentissage (jusqu'à la prise de risque inconsciente).

À l'opposé, les as de pique et les as de cœur s'appuient plutôt sur ce qu'ils savent faire. Ils hésitent donc plus souvent à se lancer dans des aventures qui les éloignent trop de leur univers. Ils souhaitent progresser, mais en douceur.

N'ayez pas peur de vous faire craindre !

Le rôle d'un leader n'est pas d'être aimé, mais de se faire respecter. Le respect implique de garder une certaine distance. Or garder quelqu'un à distance, c'est aussi lui inspirer une forme de crainte. Vous devez donc trouver l'équilibre entre vous faire aimer et vous faire craindre.

Attention, ne confondez pas *crainte* et *terreur*. Celui qui craint son chef de projet sait que, s'il ne respecte pas les règles du jeu, il se fera réprimander. En revanche, il n'est pas terrifié à l'idée de lui adresser la parole.

C'est par votre attitude au quotidien que vous saurez créer cette dualité amour/crainte. Dites à vos équipiers ce qu'ils doivent faire et félicitez-les immédiatement s'ils travaillent correctement (faites-leur part de votre ressenti sur les points positifs et « ancrez » ce compliment en leur serrant la main ou en leur touchant l'épaule).

À l'inverse, signalez-leur immédiatement les erreurs commises. Après quelques secondes, témoignez-leur de votre amitié et aidez-les à corriger le tir.

Voici, selon le profil de vos équipiers, les éléments qui les stimulent ou au contraire les effraient.

AS DE PIQUE	AS DE CARREAU
Ce qui le stimule : un travail bien encadré dont il peut seul vérifier l'avancée	**Ce qui le stimule** : décider
Ce qu'il craint : l'autorité qui le désavoue	**Ce qu'il craint** : dépendre des autres
AS DE CŒUR	**AS DE TRÈFLE**
Ce qui le stimule : le plaisir des gens autour de lui	**Ce qui le stimule** : être aimé
Ce qu'il craint : ne pas être aimé	**Ce qu'il craint** : être ignoré ou être bridé par une autorité

Les leçons de l'expérience

Piloter et accompagner son équipe, c'est à la fois lui fournir des objectifs motivants et créer des conditions stimulantes. Or les motivations de vos collaborateurs peuvent être très différentes. Il est donc intéressant d'étudier ce qui les pousse à bien faire pour agir en conséquence.

Par ailleurs, vous devez inciter vos collaborateurs à entrer dans leur zone d'apprentissage pour qu'ils puissent progresser. Selon leur profil, cela leur semblera plus ou moins difficile.

Enfin, ne pensez pas qu'en étant craint, vous ne serez pas aimé. La crainte (légère) que vous inspirerez à vos équipiers vous permettra au contraire d'être respecté.

Trois écueils à éviter

Traiter ses équipiers de manière inégale
Une des attentes fondamentales des individus est
le sentiment d'équité. Il fait partie du socle de
la motivation.

Confondre les formes de motivation
Tout le monde ne fonctionne pas à la prime ! C'est
pourquoi, même dans les équipes commerciales,
prêtez attention aux autres formes de motivation.

Céder à la pression
De nombreux responsables hiérarchiques souhaitent
que vous transposiez sur vos équipiers la pression
qu'eux-mêmes vivent au quotidien. Or la pression n'est
pas bénéfique pour tous…

Trois conseils à méditer

La marge est parfois étroite entre zone de confort et zone de panique
Les résultats exceptionnels sont à la hauteur de la
difficulté à trouver cet équilibre.

Soyez attentif à l'ambiance qui règne au sein de l'équipe
Il existe une certaine émulation générale qui est liée
à la motivation de chacun. Ne négligez personne !

Acceptez de vous faire craindre
Ce n'est pas forcément agréable, mais soyez juste,
et vous vous ferez respecter.

Au secours des collaborateurs en difficulté

Il n'existe pas de méthode toute faite pour remédier à la démotivation de quelqu'un. Les raisons d'une « baisse de régime » peuvent être diverses, à votre portée ou au contraire indépendantes de votre volonté.

Si l'un de vos équipiers est en difficulté (pour atteindre un objectif par exemple), voici dix étapes pour tenter de l'aider. Assurez-vous d'avoir effectué chaque étape avant de passer à la suivante.

Questions	Réponse	Observations
1. Qui a attiré votre attention ? La personne elle-même ou un collègue ?		Interrogez son entourage.
2. S'agit-il d'une démotivation passagère ou régulière ?		La cause est-elle objective, professionnelle ?
3. Où ses objectifs se situent-ils (niveau de challenge et de compétences requis) ?		Utilisez la grille de Csikszentmihalyi[a].
4. Quels sont ses besoins en termes de motivations ?		Recherche-t-elle le défi, la récompense financière, la reconnaissance ?
5. Quels buts à court terme lui fixer ?		Remettez la personne en situation de réussite en lui fournissant des échéances intermédiaires faciles à respecter.
6. Quels retours d'information sur l'avancée du projet avez-vous programmé avec elle ?		Soulignez l'importance des progrès personnels, même s'il s'agit d'étapes intermédiaires.
7. Avez-vous l'appui de l'équipe pour délivrer des messages positifs ?		Faites-vous épauler par l'équipe pour aider la personne en difficulté.
8. A-t-elle conscience qu'il existe un lien entre ses échecs et son comportement ?		Le but est de la faire sortir de la spirale négative (« Je n'y arriverai pas, donc je fais n'importe quoi »).

a. Voir page 45.

	Questions	Réponse	Observations
9.	Est-elle entrée en situation de réapprentissage et d'effort ?		Mettez-la en situation gagnante en lui donnant des objectifs atteignables qui lui redonneront confiance.
10.	La récompensez-vous pour ses résultats ?		Essayez d'être davantage à son écoute et témoignez-lui votre soutien par divers moyens.

Oser

Au sein de l'entreprise se déroulent des jeux de pouvoir à tous les niveaux. Pour un leader, les challenges les plus difficiles ont donc lieu en interne. Il n'est pas toujours aisé de dire la vérité. Comment vous imposer au milieu de conflits de pouvoir qui vous dépassent largement ? La frontière est mince entre s'affirmer et passer pour un trublion, au risque de se faire « éliminer »…

Histoire vécue

En découvrant la division des réseaux dans laquelle elle vient d'être nommée chef de projet, Sonia n'en croit pas ses yeux. Le département est structuré comme une armée traditionnelle, avec des ordres descendants, un reporting serré et très peu de marge d'autonomie. Dans son précédent service (le marketing), l'atmosphère était plutôt du style « commando » et favorisait au contraire l'initiative. Sonia, qui pensait avoir juste changé d'étage dans l'entreprise, a l'impression d'avoir débarqué sur une autre planète : « Au sein du département marketing, le rythme quotidien est très rapide, avec des moments houleux, des marches avant et arrière pour s'adapter à l'environnement. Ici, il n'y a pas un bruit : les gens travaillent en silence, sans se poser de questions. Leur horizon de travail est, il est vrai, beaucoup plus long (dix-huit mois contre parfois quelques heures au marketing). »

Ayant raté une promotion au sein de son unité, Sonia avait demandé sa mutation un peu par dépit. Le responsable des ressources humaines lui avait fait miroiter ce nouveau poste comme un challenge, dans la mesure où il se situe à la frontière des relations entre les départements marketing et technique. Le but était qu'elle étoffe son bagage technique, tout en développant son savoir et son savoir-faire en mode projet, afin de revenir au marketing forte de nouvelles approches.

En charge d'un projet technico-marketing, Sonia découvre qu'Alexis, son chef direct (un ingénieur), tremble devant son propre responsable. Ce dernier, Antoine, est un « haut potentiel » de l'entreprise, qui fait la pluie et le beau temps dans sa division. Ses suggestions sont des ordres, et toute son équipe file droit. Dès sa première réunion de service, Sonia se voit ainsi dicter par Antoine, non seulement ses objectifs (ce qu'elle trouve normal), mais aussi ses délais (or elle n'a pour l'instant aucun recul pour les apprécier) et ses moyens (se débarrasser d'un collaborateur et mettre la pression sur le reste de l'équipe). Alexis hoche la tête en permanence en signe d'assentiment. Les autres chefs de projet, observe Sonia, sont soumis à un traitement similaire et ne réagissent guère.

Au fil des jours, Sonia découvre son métier... et son équipe. Elle constate tout d'abord que celle-ci est loin d'être complète, contrairement à ce qui lui avait été dit. Par ailleurs, deuxième surprise, l'échéance qui lui a été donnée est tout simplement irréaliste. En effet, le projet nécessite l'installation de matériels et des périodes de tests. De plus, le fournisseur a toujours dit que ses délais étaient incompressibles suite à des problèmes d'approvisionnement. Enfin, le malheureux collaborateur qu'elle a la charge de licencier n'est peut-être pas un foudre de guerre, mais c'est néanmoins une personne sérieuse qui a eu le malheur de déplaire à Antoine en lui démontrant en public qu'il avait tort.

Munie de ces informations, Sonia décide d'aller plaider sa cause auprès d'Alexis. Elle est très étonnée de constater que celui-ci est déjà au courant de tout. Elle apprend ainsi que le délai a été fixé par Antoine de manière arbitraire, parce qu'il a voulu fanfaronner lors d'un comité de direction. Bien sûr, il ne veut pas avouer maintenant qu'il a eu tort. « Mais nous courons à l'échec ! » s'exclame Sonia. Alexis hausse les épaules : « Je le sais, et tout le monde le sait. Nous attendons d'être au pied du mur. Nous mettrons alors le fardeau sur les épaules du fournisseur qui, pour nous garder comme client, fera son *mea culpa*. » Sonia est horrifiée par la méthode et ses conséquences : démoralisation des équipes, perte d'argent et de temps...

Découragée par la passivité d'Alexis, elle se tourne vers ses homologues qui lui tiennent tous le même discours : « Ne t'implique pas trop, sinon à la moindre erreur, ce sera ton tour ! » Elle réunit ensuite ses collaborateurs et leur explique la situation. Même s'ils comprennent le sort du projet et le déchirement de leur chef, ils sont aussi partisans de ne pas se faire remarquer.

Sonia prépare alors un solide dossier constitué d'arguments factuels et se rend dans le bureau d'Antoine. La rencontre est très tendue. Antoine lui soutient que le délai est un ordre de la direction et qu'il ne peut le modifier. Il ajoute qu'il est déçu par l'attitude de la jeune femme : « Je croyais les gens du marketing plus créatifs ! » conclut-il.

Après quelques nuits blanches, Sonia décide d'avancer seule : « J'aurais honte de moi si je n'allais pas jusqu'au bout... » Elle rédige alors un mémo sur le projet, en fixant de nouvelles dates de remise et en précisant qu'elle refuse, jusqu'à son remplacement, de muter ou de licencier le malheureux collaborateur, le tout dans l'intérêt de l'entreprise. Elle adresse ce mémo à Alexis et Antoine.

Dans les minutes qui suivent, elle est convoquée par Alexis qui la sermonne violemment, lui reprochant de briguer sa place et de prendre le risque de les faire tous deux virer. Sonia reste campée sur ses positions. De son côté, Antoine ne cherche même pas à la rencontrer, mais fait courir le bruit qu'elle est incompétente et sème l'anarchie (selon une version « édulcorée » des propos tenus). Elle est alors contactée par le responsable des ressources humaines, qui évoque une « erreur de casting », et lui indique que l'entreprise réfléchit à une solution honorable pour toutes les parties...

Sonia se tourne de tous côtés... pour réaliser qu'elle est seule. Jouant le tout pour le tout, elle décide d'abattre sa dernière carte. Elle appelle un membre du comité de direction qu'elle connaît bien, et lui demande de la recevoir sous un faux prétexte. Une fois dans son bureau, elle met tout sur la table. Son interlocuteur est un peu gêné. Il lui demande de ne pas parler de leur entrevue et s'engage de son côté à faire son enquête, et à aborder le sujet lors du prochain comité de direction si besoin.

Malgré les craintes de Sonia, il tient parole et somme Antoine de s'engager plus avant sur les délais en y mettant les formes. Il prend pour prétexte une rencontre fortuite avec le fournisseur qui lui a fait part du retard. Antoine joue l'étonné, puis, quelques jours plus tard, modifie l'échéance tant redoutée.

© Groupe Eyrolles

Suite à sa prise de position courageuse, Sonia est admirée par toute son équipe, elle est devenue un chef de projet respecté. Pourtant, quelques mois plus tard, l'atmosphère de plus en plus pesante la conduit à donner sa démission... négociée. Elle part néanmoins avec une bonne nouvelle : le collaborateur qu'elle devait licencier va être muté et ne perd donc pas son emploi.

___ Les questions-clés ___

Sonia a gagné et... perdu à la fois. Elle a gagné l'estime d'elle-même et celle de son équipe. Son courage et sa ténacité laissent présager une belle carrière. Cependant, pour le moment, elle a perdu son emploi. Est-ce la rançon du courage ? Si cette histoire ne se termine pas bien, il faut reconnaître que, dans un univers de plus en plus mouvementé, le leader charismatique se reconnaît à sa capacité à agir (il n'attend pas sans rien faire la suite des événements).

Le contexte professionnel français ne privilégie pas le risque...

?   Quel est notre rapport aux normes ?

?   Les gains d'une attitude audacieuse contrebalancent-ils les risques encourus ?

?   Quelles précautions prendre pour oser de manière efficace ?

L'audace n'est pas la norme

Une étude du cabinet de conseil Mercer Delta auprès de centaines de dirigeants dans différents pays révèle qu'« oser s'affirmer et savoir dire non » est une des trois principales qualités du leader charismatique (les deux autres étant la vision et les compétences relationnelles).

Pourquoi le fait d'oser est-il si important ? Qu'est-ce qui nous pousse à être courageux dans certaines circonstances et non dans d'autres ? Les réponses à cette question sont à la fois d'origine culturelle, familiale et personnelle.

Certaines cultures privilégient le risque. Aux États-Unis par exemple, celui qui fait faillite est souvent considéré comme courageux : il a osé ! Un banquier acceptera aussi plus facilement de lui prêter de l'argent qu'en France, où le responsable d'un tel échec est mis au ban de la société. Il n'y a pas si longtemps (en 2005), le président de la République Jacques Chirac a fait inscrire dans la Constitution la charte de l'environnement, qui inclut dans son article 5 le principe de précaution.

Par ailleurs, un sondage récent[1] indique qu'en France une très large majorité de jeunes rêve d'entrer dans la fonction publique, par crainte du chômage. Élevé dans une culture où tout le monde (entreprises et particuliers) attend tout de l'État, pourquoi auriez-vous envie d'oser ?

L'environnement familial, et plus particulièrement les messages parentaux jouent aussi un rôle important. De nombreuses familles d'immigrées osent aujourd'hui créer des entreprises afin d'améliorer leur situation (les épiciers maghrébins, les maçons portugais ou les entrepreneurs chinois dans le textile en sont quelques exemples visibles). Le courage d'immigrer donne aussi la volonté de s'en sortir. Une ou deux générations plus tard, une fois les individus intégrés dans le pays, la motivation change.

Interrogez-vous sur l'exemple que vous ont donné vos parents et sur les messages délivrés : ont-ils favorisé votre autonomie, votre indépendance ?

Enfin, votre propre personnalité entre en compte. Essayez de répondre honnêtement aux questions suivantes :

* Que représentent pour vous les normes et les procédures (que ce soit sous la forme de lois ou d'un rapport d'autorité) ?
* Constituent-elles un carcan ou au contraire un cadre protecteur ? Vous pouvez tout à fait être un soldat courageux et très discipliné.
* Quelle importance a pour vous le regard des autres ?
* Que signifie pour vous le fait de ne pas être aimé ?
* Avez-vous peur d'être mal jugé ? Parfois, oser se lever seul, comme Sonia, attire plus d'ennemis et d'envieux que d'amis.

C'est ce rapport aux règles et aux normes que vous vous fixez qui vous autorise plus ou moins à oser (la norme de Sonia, c'est d'être

---

1. Sondage Ifop, mars 2005.

fière d'elle-même alors que celle d'Alexis, son responsable, c'est de conserver son emploi à tout prix).

Gains et risques dans la balance

L'audace professionnelle n'est pas sans risque.

Le livre *Bonjour paresse*[1] donne les conseils suivants (cette liste n'est pas exhaustive…) :

- travaillez pour la paie à la fin du mois ;
- ne cherchez pas à contester ou à vouloir changer le système ;
- ce que vous faites ne sert à rien, donc travaillez le moins possible ;
- acceptez le moins possible de responsabilités ;
- choisissez les postes dont les résultats sont les moins mesurables.

Bien sûr, nous ne vous recommandons pas de suivre strictement ces suggestions…

Avant tout, sachez poser des limites morales et légales à ce que vous faites :

- morales, car ce n'est pas seulement parce que vous avez reçu un ordre que vous devez accepter de l'exécuter. Chacun a son propre système de valeurs auquel il se réfère ;
- légales, car certaines actions réalisées, même sur ordre, vous rendent complices (par exemple des mouvements de fonds).

Que risquez-vous en osant ? Vous pouvez :

- passer pour le contestataire de service (cette réputation peut ensuite vous coller à la peau) ;
- être « mis au placard » ;
- ne pas avoir de promotion ;
- être licencié ;
- être « fiché » sur le marché du travail.

Cette liste est très déprimante… Étudions maintenant les gains possibles : ils sont à la hauteur des risques ! Dans un contexte où les

© Groupe Eyrolles

---

1. À titre d'information, cet ouvrage a été vendu à plus de 300 000 exemplaires et traduit dans de nombreuses langues !

postes d'encadrement sont de plus en rares, l'avancement est réservé à ceux qui sortent du lot, qui savent susciter l'adhésion de leurs équipes et adopter une attitude courageuse face à une situation critique. Vos dirigeants le savent bien, la vie de l'entreprise dans son environnement est tout sauf un long fleuve tranquille. Aussi ont-ils besoin de chefs de projet et de managers courageux.

Par ailleurs, en vous affirmant, vos paroles, vos actes et vos pensées seront en accord. Or c'est justement cette cohérence qui fait que vous pourrez de plus en plus oser, et être reconnu par les autres tel que vous êtes. Cette force donnera à votre équipe envie de vous suivre.

Vous devrez aussi apprendre à ne pas plaire à tout le monde (si vous n'êtes plus aimé suite à votre changement d'attitude, sachez que vous serez en revanche davantage respecté).

Osez... dans les formes

C'est bien beau d'oser, encore faut-il le faire dans les formes ! S'imposer ne signifie pas « écraser » l'autre ou l'humilier. Voici quelques suggestions utiles pour vous affirmer sereinement (elles vous serviront aussi pour vous opposer à votre manager hiérarchique ou si vous avez à dire des choses difficiles à quelqu'un).

Préparez-vous consciencieusement

Cette préparation doit se faire tant sur le plan rationnel que sur le plan humain.

Sur le plan rationnel, construisez votre dossier, préparez vos arguments, travaillez sur les objections possibles... En bref, il s'agit de mettre toutes les chances de votre côté pour maîtriser l'échange qui va avoir lieu. S'il existe des champions de l'argumentation qui peuvent soutenir avec la même véhémence des thèses contraires, la grande majorité d'entre nous sait seulement défendre les idées auxquelles nous croyons. Encore faut-il que nous soyons convaincus par nos propos, après avoir pesé le pour et le contre.

Par ailleurs, tentez de trouver des alliés qui pourront vous soutenir ou au moins faire preuve d'une neutralité positive. Se retrouver seul dans une réunion à plaider pour une idée, même juste, est assez inconfortable… En effet, vous n'aurez guère de temps pour préparer vos arguments lors d'une discussion houleuse, alors que vos opposants pourront se relayer.

Sur le plan humain, la préparation consiste tout d'abord à développer votre confiance en vous. Rappelez-vous que vos gestes et votre ton en disent plus sur votre message que les mots que vous employez (cf. pratique n° 4). Avant toute chose, ayez donc en tête une idée précise et concrète de ce que vous voulez exprimer et assurez-vous de bien connaître la position de votre interlocuteur.

Pour vous conforter, posez-vous les questions suivantes :

- Quels seront mes gains avec cette attitude ?
- Que se passera-t-il si je n'atteins pas mon but ?

Par ailleurs, tenez compte de la réaction de votre interlocuteur : certains se taisent (mais n'en pensent pas moins), d'autres se rebiffent. Quelles sont les formes de réaction qui vous déstabilisent : les haussements de voix ou au contraire le mutisme ?

Dans certaines organisations, la communication ouverte est plus facilement acceptée que dans d'autres (attention toutefois au décalage qui peut exister entre le discours officiel et la réalité).

En pratique

Nous sommes dans une culture où nous n'aimons pas perdre la face (même si le ridicule ne tue pas !). Cela signifie que le contexte joue un rôle important : évitez les « déballages » publics (si une seule personne est concernée) et choisissez un lieu discret pour vous affirmer.

La forme de votre discours joue un rôle important. Voici tout d'abord les comportements à éviter :

- ne vous justifiez pas, ce serait perçu comme un signe de faiblesse ;
- ne dérivez pas loin de votre sujet principal, votre argumentation y perdrait en clarté ;
- ne donnez pas trop d'explications, vous pourriez sembler sur la défensive.

Au contraire, vous pouvez :

- vérifier que votre interlocuteur est disponible avant de vous lancer ;
- lui fournir des informations claires et précises ;
- vous révéler à lui en exprimant vos sentiments ;
- montrer de l'empathie en lui signifiant que vous comprenez sa position (ce qui ne signifie pas que vous l'acceptez).

Ne doutez pas de votre courage

Nous avons tous du courage, mais pas en toutes circonstances. Il est important de le savoir et de développer son audace dans les domaines où elle fait défaut.

Vous devez tout d'abord avoir conscience que vous pouvez être courageux. Demandez à vos proches de vous décrire des moments durant lesquels vous avez, selon eux, fait preuve de « bravoure ». Vous serez probablement surpris de leurs réponses, car ils vous citeront sûrement des actions que vous avez oubliées ou que vous jugiez sans importance, mais qui les ont impressionnés.

Avoir du courage ne se traduit pas de la même façon pour tous. Sauter à l'élastique, dire son fait à son supérieur hiérarchique ou prendre sur soi le temps de raconter une histoire à son enfant le soir après une longue journée difficile de travail… voilà des formes très diverses de courage !

Une fois que vous avez défini votre ou vos formes de courage (physique, intellectuel, moral…) et les situations favorisant son expression, intéressez-vous à ce qui vous effraie. Apprenez à vous y exposer progressivement. Vous avez du mal à parler en public ? Commencez par de courts exposés en petits groupes devant des amis bienveillants, puis, progressivement, augmentez la durée de l'épreuve, agrandissez votre auditoire… Cette méthode volontaire est la plus efficace.

Le courage n'est pas de la bravade ou un coup d'éclat. Il se développe au quotidien, dans vos actes, vos attitudes, vos propos.

Les leçons de l'expérience

Le courage s'apprend ou, plus exactement, il s'éduque. Nous sommes tous courageux à des degrés divers, et pouvons aller au-delà de nos possibilités en développant le champ de notre courage.

Comme nous l'avons déjà précisé, s'affirmer n'est pas chose aisée, surtout si vos modèles parentaux, la culture de l'entreprise en général et celles de vos responsables en particulier ne vous y incitent pas. Oser n'exclut pas non plus d'y mettre les formes : avant de vous lancer, constituez un dossier sérieux, assurez-vous d'avoir dans l'entreprise des appuis solides… et choisissez bien votre combat.

Vous devez avoir à l'esprit l'équilibre entre les risques et les gains de votre audace. Les risques sont bien connus de tous, ne serait-ce que par l'observation : les absences de promotion et les licenciements sont courants. À l'opposé, vous pouvez gagner gros : reconnaissance de votre équipe et de vos supérieurs, satisfaction d'avoir agi selon vos convictions…

Trois écueils à éviter

S'enferrer dans des explications sans fin
Vous sembleriez moins sûr de vous.

Reporter ses décisions
À moins d'expliquer à votre interlocuteur pourquoi vous ne pouvez lui répondre dès maintenant, cette attitude sera prise pour une faiblesse.

Mal choisir son combat
Les risques étant loin d'être négligeables, le jeu doit en valoir la chandelle.

Trois conseils à méditer

C'est le premier pas qui coûte
Comme le forgeron qui apprend à forger en forgeant, élargissez progressivement les limites de votre courage.

Respectez l'autre
Faites par exemple en sorte de ne pas lui faire perdre la face en public, il vous en saura gré.

Reposez-vous sur vos convictions
Ce sont vos valeurs morales qui vous donneront la force de progresser.

Quelle est votre aptitude aux décisions courageuses ?

Répondez aux questions suivantes en cochant la case « Oui » ou « Non ».

Question	Oui	Non
Lorsqu'une idée vous est présentée, vous voyez d'abord ses avantages.		
Vous changez facilement votre programme.		
Vous donnez facilement votre avis à qui veut l'entendre.		
Selon vous, convaincre dépend d'abord de la conviction mise dans ses propos.		
Vous ne respectez guère les niveaux hiérarchiques.		
Votre bureau est désorganisé, mais vous savez y retrouver vos affaires.		
Vos parents vous ont montré qu'oser était facile.		
La culture de votre entreprise facilite l'expression d'avis différents.		
Vous êtes convaincu que votre équipe vous suivra quoi que vous fassiez.		
Selon vous, les règles et les procédures sont faites pour être changées.		
Vous êtes toujours optimiste.		
Vous n'analysez pas vos erreurs.		
La chance vous sourit en général.		
Peu de choses vous effraient.		
Vous n'écoutez guère les « raisonneurs ».		

Comptez 1 point à chaque fois vous avez répondu « Oui » et 0 point pour « Non » :

- Vous avez plus de 10 points : attention à la limite entre « oser » et « être casse-cou ». Votre audace vient-elle de vous-même, de votre chance ou de l'attitude des autres ? Apprenez à modérer votre enthousiasme.

- Vous avez de 5 à 10 points : vous êtes sûrement audacieux, mais pas téméraire. Quels axes de progression pouvez-vous vous donner ?
- Vous avez moins de 5 points : essayez d'analyser ce qui vous retient (les autres, les règles de l'entreprise ou vous-même). Par quoi pouvez-vous commencer pour progresser ?

La créativité comme clé des champs

Il arrive parfois, voire souvent, que, malgré tous vos efforts et vos qualités, vous vous heurtiez à des obstacles inattendus, infranchissables à court ou moyen terme. Cela peut aller de l'équipe décimée par la grippe aux graves problèmes rencontrés par un fournisseur interne ou externe (destruction informatique, incendie…), en passant par un changement de législation. Gardant toujours votre vision en tête, vous devez coûte que coûte dépasser ces contraintes, et réduire les angoisses (ou la déprime) de vos équipiers. Il vous faut alors sortir des sentiers battus et faire appel à votre créativité.

Histoire vécue

À quarante ans, Serge est chef d'atelier dans une succursale d'un grand constructeur automobile. Après avoir commencé sa carrière au bas de l'échelle en tant que mécanicien (à la « caisse à outils » comme il aime à dire), il est devenu progressivement premier compagnon, réceptionniste, contremaître, puis, il y a cinq ans, chef d'atelier carrosserie et mécanique. Il est respecté par son équipe d'une quarantaine de personnes, qu'il gère avec un mélange de rigueur et de bienveillance.

Son rôle a beaucoup évolué au cours du temps : les difficultés du constructeur et la qualité toujours croissante des véhicules vendus font que, progressivement, son métier de gestionnaire est devenu celui de chef de projet. Avec l'appui de formations, Serge a appris à travailler en mode projet : il a ainsi animé des équipes autour de l'amélioration de la gestion et de la productivité du site, et, plus globalement, il a œuvré à la progression de son service en termes de qualité.

Aujourd'hui, le voilà en réunion régionale avec ses homologues. Le directeur régional leur demande de passer la « vitesse supérieure » en créant des activités. À chacun d'entre eux de choisir entre un service express (sur un autre site), une carrosserie rapide et un point miroir[1]. L'entreprise leur laisse les coudées franches, tout en leur offrant un soutien logistique. Marc, l'animateur technique, leur demande ce qu'ils vont faire. Après un temps de silence, l'un des participants prend la parole : « Moi, je sais : un point miroir ! J'en rêve depuis longtemps. Je suis sûr que cela va marcher. » Serge lui rétorque : « C'est possible. Qu'est-ce que te fait dire cela ? Tu as des chiffres ? » Son collègue argumente un peu, puis reconnaît : « C'est vrai, je me fie juste à mon intuition... »

Marc en profite pour intervenir et demande à chacun de poser concrètement le problème avant d'en venir aux solutions : « Quelle est la demande ? » Les réponses fusent : créer des emplois, faire du chiffre, occuper le terrain avant la concurrence... L'animateur canalise la discussion en la recentrant sur la rédaction du cahier des charges. À la fin de la réunion, chacun repart avec pour objectif de monter une équipe projet et d'aboutir à une solution viable.

De retour dans sa succursale, Serge constitue son équipe avec ses contremaîtres et des représentants du commercial, de l'après-vente, des véhicules d'occasion et de la gestion. Lors de la réunion de lancement, ils reviennent ensemble sur les attentes de la direction régionale. Il en ressort que le projet devra se faire dans les locaux actuels, sans augmentation de surface et avec une équipe d'environ six collaborateurs. Des recherches complémentaires sont confiées à deux équipes de volontaires. Elles portent sur la mise à jour des produits et des services de la concurrence d'une part, et sur l'analyse des factures pour faire le point sur les activités existantes d'autre part.

Quelque temps plus tard, Serge décide d'organiser une réunion de créativité pour favoriser l'émergence de solutions. Pour pouvoir y participer sans être juge ni partie, il invite Marc à l'animer. Après un rapide déjeuner en commun, toute l'équipe se retrouve dans la salle de réunion.

---

1. Un point miroir est un service en charge du remplacement des pare-brise et plus largement des vitres d'un véhicule.

À la grande surprise de Serge, les tables ont disparu ! Marc ouvre la séance avec des méthodes qui surprennent le chef de projet : chacun doit construire un discours sur le sujet avec des mots imposés. Au début, les participants se regardent un peu crispés, puis, progressivement, ils se lancent les uns après les autres et se détendent. Serge est un peu perdu : « Certes l'ambiance est bonne, mais où sont les solutions recherchées ? »

Puis Marc leur demande de trouver un maximum d'utilisations pour un trombone. Serge est de plus en plus perplexe. Le groupe a l'air de s'amuser, mais le chef de projet n'a pas l'impression d'avancer. Marc revient au thème de la réunion en faisant rechercher aux participants de diverses manières un maximum de solutions. Serge est étonné de voir le groupe produire des idées, encore et encore... Jamais il n'aurait imaginé ses collègues aussi créatifs ! Toutefois, alors qu'il est impatient maintenant de conclure, Marc prend son temps et suggère de reprendre une par une ces idées et de tenter de les saborder.

Enfin, les participants reviennent sur terre, lorsque Marc leur fait trier les suggestions. Ils finissent par sélectionner une solution : la carrosserie rapide. Serge est ébahi. L'après-midi est passée en un éclair, pour un résultat d'une efficacité surprenante ! Il remercie chaleureusement Marc de son aide.

Maintenant, il lui reste une étape à franchir : définir précisément la conception du site de la carrosserie rapide. En accord avec son équipe, il organise une rencontre avec des carrossiers pour les impliquer dans le projet. Désireux de retrouver l'énergie créatrice qui régnait lors de la précédente réunion, il décide d'employer les techniques de Marc.

Cependant, rien ne se passe comme prévu. Lorsque Serge demande aux carrossiers de parler en utilisant des mots pris au hasard dans le dictionnaire, ils n'y parviennent pas et se sentent mal à l'aise. Le chef de projet décide alors de passer à l'exercice du trombone, mais le résultat est encore pire. Un peu nerveux, il se lance très vite dans la phase de recherche de solutions. Les carrossiers sont tout contents de lui annoncer qu'ils y ont réfléchi et ont une idée à lui proposer. Ils ne comprennent pas pourquoi Serge leur demande d'autres propositions ou leur suggère des arguments pour mettre à mal leur solution.

La réunion se termine un peu abruptement. Les carrossiers remettent en cause la manière dont Marc a conduit la séance et particulièrement l'exercice du trombone : « C'était une perte de temps ! Nous qui étions fiers de vous présenter l'analyse effectuée en amont, en dehors des heures de travail... »

Serge est démotivé. Il n'ose pas appeler Marc pour lui raconter sa mésaventure. Les techniques de créativité lui semblent magiques et, visiblement, il n'est pas magicien !

—— **Les questions-clés** ——————————————————

Serge découvre que des techniques de créativité bien employées peuvent à la fois faire gagner du temps et ouvrir de nouveaux horizons. Il réalise parallèlement qu'elles nécessitent un minimum de savoir-faire. Serge a confondu les outils et l'esprit qui doit animer une telle réunion. Peut-être ferait-il mieux de se poser les questions suivantes :

? Qu'apporte l'innovation dans un mode projet ?

? Comment favoriser la créativité, au niveau individuel et collectif ?

? Quels processus employer ?

Pourquoi la créativité devient-elle nécessaire ?

L'esprit français se veut cartésien. La formation « ingénieur » d'un grand nombre de chefs d'entreprise, la culture administrative de l'organisation et de la planification, le centralisme d'État font que le rêve de tout chef de projet est de pouvoir planifier et orchestrer dans le temps les actions. Le souvenir de la période des trente glorieuses, avec ses plans à cinq ans, hante encore les esprits…

Pourtant, le monde a bien changé depuis. Les contraintes économiques sont par exemple très différentes. Auparavant, on entendait : « Faites au mieux, le moins cher possible ou au meilleur rapport qualité/prix. » Aujourd'hui, le discours dominant est plutôt : « Débrouillez-vous pour que cette voiture soit vendue 3 000 euros ! »

Les modes de fonctionnement ont aussi évolué : avec les communications de plus en plus facilitées et la mondialisation, les combinaisons de solutions (produits, services…) sont devenues quasi infinies. Par ailleurs, les délais se sont raccourcis, en même temps que le temps de travail !

Enfin, les mentalités des participants aux projets se sont transformées : avec la segmentation croissante des tâches, le sens du travail effectué prend énormément d'importance.

Aujourd'hui, finies les méthodes résumées en douze gros classeurs, les normes s'apparentent plus à des cadres de travail qui permettent d'avoir des clés pour franchir certaines étapes difficiles.

Toutes ces raisons conduisent le chef de projet à être créatif. Dans ce cadre, cette créativité s'applique principalement dans quatre domaines :

- tout ce qui tourne autour du produit ou du service (comment le rendre plus simple, plus facile à utiliser, plus économique à produire…) ;
- la conduite du projet avec, à chaque étape, la possibilité d'aller plus vite, d'ouvrir de nouvelles perspectives… ;
- l'animation de l'équipe (pour la stimuler, faire progresser ses compétences…) ;
- les situations de crise (pour résoudre les problèmes et contourner les obstacles).

Vous utilisez certainement des techniques de créativité dans un ou plusieurs de ces domaines, consciemment ou non. Toutefois, vos équipiers ont besoin d'outils qui les aident eux-mêmes à aller plus loin, à libérer leur créativité ou à faire face aux difficultés rencontrées. Or, une fois au pied du mur, avec l'anxiété liée au temps qui passe, vous n'avez guère l'esprit à trouver de nouvelles solutions. Il vous faut donc passer désormais à une approche plus permanente, en autonomisant votre équipe et vos collaborateurs et en facilitant le développement de leurs réflexes créatifs.

Les démarches de créativité peuvent s'appliquer en de nombreuses circonstances. Vous pouvez ainsi les employer à différents moments de votre projet :

- lors de la rédaction du cahier des charges fonctionnel (voir par exemple la méthode QQOQCP décrite plus loin) ;
- en analyse de risque (comment saborder le projet ?) ;
- en cas de crise (*brainstorming*).

Favoriser la créativité

En tant que leader, et ce quelles que soient vos qualités, ne pensez pas que vous devez détenir toutes les solutions. En impliquant vos équipiers, vous les responsabilisez puisque ce sont leurs idées qui peuvent être retenues. À vous de définir un objectif et de leur offrir des conditions motivantes ; à eux de chercher, seuls ou avec vous, des solutions !

Au niveau individuel

La créativité se stimule, mais elle ne se commande pas. Vous avez probablement déjà cherché à résoudre un problème pendant des heures, pour finalement y parvenir sous la douche, dans le métro ou en regardant un film…

Encouragez et accélérez la créativité en favorisant l'ouverture des esprits par différents moyens. Développez par exemple la pratique du « rapport d'étonnement », comme le font les Japonais : après tout déplacement, que ce soit chez un partenaire habituel ou lors d'un voyage, signalez tout ce qui vous a étonné (que vous ayez été désagréablement ou agréablement surpris). Plus simplement, demandez à vos équipiers de se promener et de regarder autour d'eux sans d'autres perspectives que de ramener une ou deux idées surprenantes. Bien sûr, déambuler dans les rues vous offrira des débouchés différents si vous travaillez sur des produits de grande consommation ou sur une nouvelle application de gestion. Cependant, si la rue convient pour de nombreux domaines, vous pouvez aussi circuler dans d'autres services de votre entreprise pour regarder et écouter. Nombre de solutions flottent dans l'air et ne sont pas entendues, car chacun est trop concentré sur sa tâche. L'écoute active se travaille !

Par ailleurs, incitez vos équipiers à se détendre. La culture productiviste encourage à travailler de plus en plus vite et de plus en plus intensément. Pourtant, c'est lorsqu'on se laisse aller à rêvasser que les idées « s'entrechoquent » le mieux. Si vos conditions de travail ne sont pas propices à l'apaisement (bruit assourdissant dans les bureaux paysagés par exemple), encouragez vos collaborateurs à faire du yoga, de la sophrologie ou simplement de la marche. De plus en plus de sociétés installent des salles de sport ou de repos au sein de leurs locaux. À quand la sieste obligatoire ?

Enfin, rappelez-vous que les idées vont et viennent. Pensez à toujours conserver sur vous un petit calepin (ou un dictaphone), afin de pouvoir garder une trace de l'idée géniale que vous avez eue. Vous risquez en effet de l'avoir oubliée quelques heures plus tard.

Au niveau collectif

Dans tous les cas, votre attitude a valeur d'exemple : prenez vous-même du temps pour circuler, écoutez votre entourage, ne soyez pas constamment sous pression…

Le meilleur exemple que vous pouvez offrir à vos équipiers, c'est votre participation active en groupe. Lors des réunions, apprenez à jouer contre les avis négatifs comme : « On ne peut pas », « Ce n'est pas dans les habitudes », « Je les connais, ils seront contre »… Prenez alors le contre-pied : « Et si c'était faisable ? » Les préjugés, les images négatives, les exemples de l'« ancien temps » nous marquent malheureusement de leur sceau.

Vous pouvez aussi utiliser la « règle des 5 pourquoi », qui consiste à remonter à la racine d'une affirmation, pour découvrir si elle est fondée. Imaginons Serge confronté à ses carrossiers :

« Nous ne pouvons pas faire de carrosserie rapide !

– Pourquoi ?

– Parce que nous n'avons pas de temps !

– Pourquoi ?

– Parce que les marbres nous prennent du temps et de la place[1].

– Pourquoi ?

– Parce qu'ils sont situés à l'entrée de la carrosserie.

– Pourquoi ?

– Je ne sais pas, je crois que c'est votre prédécesseur qui l'avait décidé ainsi.

---

1. Les marbres sont les gros travaux de carrosserie qui supposent de mettre les voitures sur cales, ce qui rend leur déplacement difficile.

– Pourquoi ?

– En réalité, il n'y a pas de raison ; avant, ils se trouvaient au fond de la pièce. »

En réunion, votre rôle est de remettre en cause les habitudes. Les routines s'accumulent au fil du temps, et si elles ont eu leur raison d'être durant une certaine période, elles sont souvent devenues des contraintes injustifiées.

Enfin, vous pouvez aussi faire appel à des professionnels (internes ou externes) de la créativité. Ils vous apporteront un recul et un savoir-faire qui vous permettront d'aller plus loin dans l'aventure. Cela vous évitera peut-être aussi de vivre la même mésaventure que Serge.

Un processus structuré

Comment procèdent généralement les professionnels de la créativité ? La démarche créative fonctionne en trois temps.

Les conditions *sine qua non*

La démarche créative doit avoir une finalité affichée. Même pour résoudre un problème simple, vos équipiers ne se lanceront pas pleinement dans une démarche s'ils ne comprennent pas à quoi elle sert. C'est ce qui est arrivé à Serge. Il était mentalement préparé aux exercices qu'il proposait, mais n'a pas su faire passer son message auprès des carrossiers.

Cette démarche se fait à petits pas (n'attendez pas de miracle dès la première réunion), il s'agit d'un état d'esprit, qui se développe progressivement.

Plusieurs conditions doivent par ailleurs être réunies :

- L'innovation doit être promue par la hiérarchie ; les actes forts de management doivent aller au-delà de l'inscription dans les valeurs de l'entreprise ou de la boîte à idées. Le management lui-même pratique-t-il cette démarche, quelle que soit sa forme ? Se remet-il en cause ? Les initiatives sont-elles récompensées ?

- La culture de l'entreprise doit permettre cette démarche : admet-elle l'aléatoire, la remise en cause, la curiosité ? Ces différents traits sont-ils valorisés à chaque niveau de la hiérarchie ? dans tous les services ? Ce qui est vrai au service marketing ne l'est peut-être pas au service comptabilité...

● Enfin, l'échec est-il admissible et reconnu comme une valeur positive ? Attention, dans ce domaine, les mentalités ont beaucoup évolué. Nombre de jeunes créateurs de start-up du début des années 2000 qui ont fait faillite ont retrouvé du travail (leurs employeurs pensent qu'ils ont mûri et tiré une leçon de leur expérience), un contexte inimaginable il y a seulement quinze ans. Le monde est devenu si complexe que personne ne peut se dire à l'abri. Or, ce qui intéresse un responsable, c'est la capacité de son salarié à rebondir après un échec.

1. Quittez le quotidien

La première étape consiste à se relaxer. Il s'agit d'oublier la tension liée au quotidien. Mettez-vous dans des conditions vous permettant de vous laisser aller pour faciliter la production d'idées.

Prévoyez dans ce but des lieux adaptés : une salle de conseil d'administration ou une cage vitrée n'ont jamais facilité la créativité. Choisissez plutôt une pièce simple, claire, sans tables, avec des sièges confortables ou des affiches d'art par exemple. Le but est que cet environnement diffère du contexte habituel.

Il existe ensuite de nombreuses méthodes à mettre en œuvre.

Les techniques de respiration, tout d'abord, facilitent la circulation sanguine et détendent le corps. Citons par exemple la méthode Alexander[1], fort utilisée par les comédiens et... les avocats pour décupler leur concentration et leur réactivité. Elle comprend des exercices d'échauffement, de respiration et de rythme. Les méthodes Feldenkraïs ou Tager sont similaires.

La technique d'altération du problème correspond à l'un des exercices proposés par Marc qui consistait à concevoir un discours en y

---

1. Vous pouvez lire à ce sujet *Découvrir et pratiquer la méthode Alexander* de J. Chance ou *Habiter son corps* de C. Hardy, L. Schifrine et S. Tomasella (cf. bibliographie en fin d'ouvrage).

intégrant des mots tirés au sort dans une liste. Il oblige à sortir de ses schémas de pensée habituels et à oublier son quotidien. Il est possible également d'employer les techniques aléatoires, analogiques, projectives, combinatoires, d'identification[1]... Elles ont chacune leurs avantages et peuvent se combiner.

2. Échauffez-vous

Face à des situations difficiles, l'instinct de protection pousse parfois à prendre des voies qui vont à l'encontre d'une communication constructive : silence, agressivité, rupture... Dans ces conditions, vous risquez de foncer sans recul, en fonction de vos expériences antérieures, bonnes ou mauvaises. Différentes approches peuvent néanmoins vous permettre d'élargir le champ de vos réactions, comme l'improvisation théâtrale. Cette technique peut vous aider à prendre conscience de votre potentiel de réactions. Très vite, vous vous découvrirez des réflexes individuels ou en groupe insoupçonnés.

De même, l'exercice du trombone, dont la consigne est : « Trouvez vingt applications de ce que l'on peut faire avec un trombone », peut être réalisé à cette étape.

À la fin de cette phase, vous découvrirez probablement que vous êtes plus créatif que vous ne le soupçonniez. Vous êtes maintenant prêt à franchir le troisième niveau.

3. Réfléchissez, puis triez vos idées

Tout d'abord, assurez-vous que tout le monde partage la même définition de la solution à rechercher. Parmi les méthodes classiques utilisées, vous trouvez celle du QQOQCP (Qui ? Quoi ? Où ? Quand ? Combien ? Pourquoi ?), grâce à laquelle le problème est vu sous toutes ses facettes.

Entrez ensuite dans la phase magique de la recherche de multiples solutions. Les méthodes pour les faire surgir sont nombreuses. Elles seront choisies en fonction du sujet et des circonstances. Parmi les

---

1. Voir à ce sujet l'ouvrage de G. Aznar : *Idées, 100 techniques de créativité pour les produire et les gérer* (cf. bibliographie en fin d'ouvrage).

plus connues, citons le « remue-méninges » (*brainstorming*), les analogies (« comment les autres font pour…? ») ou les métaphores (« et si c'était un animal ? »)…

Une fois les solutions proposées, effectuez un tri (utilisez pour cela les techniques matricielles, les tests de faisabilité, de cohérence, d'efficacité ou des grilles des critères à prendre en considération lors de l'application des idées[1]…) pour sélectionner les idées les plus pertinentes. Vous pouvez alors construire une ou plusieurs fiches idées répondant aux questions suivantes :

- QUI en serait responsable ? (Qui est concerné ?)
- QUOI ? (Que fait-on concrètement ? Quel est le but recherché ?)
- OÙ la met-on en application ?
- QUAND ?
- COMMENT serait-elle mise en application ?
- POURQUOI serait-elle mise en application ? (Pour quel impact ?)
- COMBIEN cela coûterait-il ? (Quel est le budget à prévoir ?)

Les leçons de l'expérience

Le leader est celui qui montre la voie et donne les moyens de la suivre. Cela suppose par moments de contourner les obstacles et de se remettre en cause… La créativité, très utile dans ce contexte, est à la fois un état d'esprit, une attitude et une méthode de travail. Tout en montrant l'exemple à titre personnel, le leader encourage la créativité de ses équipiers.

Cela peut se faire au quotidien (observer, écouter) et en tous lieux. Une démarche plus structurée peut être pratiquée en groupe. Elle se déroule en trois étapes : se mettre dans des conditions propices, entraîner son esprit, puis passer à la véritable recherche de solutions et sélectionner les plus intéressantes.

---

1. Voir à ce sujet l'ouvrage de E. de Bono : *La boîte à outils de la créativité* (cf. bibliographie en fin d'ouvrage).

Trois écueils à éviter

Vouloir trouver soi-même toutes les solutions
La créativité est décuplée en groupe. Ne vous privez pas des idées des autres !

Confondre *créativité* et *imagination*
La créativité est orientée vers un but, alors que l'imagination relève plus du champ libre.

S'en tenir aux seules réunions de groupe
Plus vous travaillerez votre créativité au quotidien, plus elle se développera. N'oubliez pas que votre attitude a valeur d'exemple pour votre équipe.

Trois conseils à méditer

Développez votre créativité en dehors des heures de travail
Plus vous prendrez l'habitude d'être ouvert et prêt à entrevoir des solutions innovantes, plus votre milieu professionnel en profitera.

Adoptez une démarche structurée
Respectez les trois étapes de la démarche, ne sautez pas directement à la recherche de solutions.

Fixez-vous un objectif
Les techniques de créativité peuvent vous emmener loin de votre sujet de réflexion, gardez toujours votre objectif en tête.

Outil de créativité

Vous souhaitez projeter vos équipiers dans le futur (ici la fin du projet). Demandez-leur de créer la « une » d'un journal avec les grandes rubriques qui y figureront à cette date. Constituez des groupes de six personnes au plus.

Instructions

En utilisant une feuille de tableau de papier, créez la première page d'un journal à la date du…

- Donnez un nom au journal.

- Divisez cette page en six sections (nouvelles nationales, nouvelles locales, entreprises, sports, petites annonces, nécrologie).

- Définissez en groupe ce que vous souhaitez y voir figurer comme informations. Soyez créatifs ! Ainsi la rubrique nécrologique peut traiter de la fin d'un problème ou d'une politique bloquant actuellement le projet, la rubrique sport portera sur un combat avec des rivaux, etc.

- Ne rédigez que les titres, et n'utilisez que des mots découpés dans de vrais journaux.

Durée : 30 minutes.

À la fin de la séance, chaque groupe présentera son travail.

Cet exercice, en plus de développer la créativité de l'équipe, permet à la fois de prendre conscience des phénomènes de leadership dans le groupe et de faire ressortir les peurs et les espoirs autour du projet.

- Un leader a-t-il émergé ?

- Comment s'est divisé le travail ?

- Quels sont les problèmes actuels qui ont le plus focalisé l'attention ?

- Quels sont les espoirs exprimés ?

Quand le leadership est mis à l'épreuve

La vie d'un projet connaît des hauts et des bas. Les humeurs peuvent s'échauffer, les rancunes s'accumuler, et même si tout s'arrange avec le temps (grâce à des délais repoussés par exemple), les difficultés rencontrées peuvent laisser des traces. Votre rôle en tant que leader est de gérer au mieux ces tensions.

Histoire vécue

Barbara est plus que jamais déterminée. Cela fait un an qu'elle est la chef du projet « Atlantic », le projet étendard du système d'information de l'entreprise. Elle est toujours aussi convaincue qu'au premier jour : tout sera terminé dans les délais prévus. Il reste encore près de quatre mois de travail avant l'échéance fixée. Le directeur de l'entreprise lui a dit dès le départ : « Pour notre entreprise de construction, vous avez un atout : vous êtes brillante et reconnue par tous comme telle. En revanche, vous avez un handicap : vous êtes une femme. Dans ce milieu de culture machiste, ce n'est pas évident. Parce que vous avez su vous faire admettre dans l'organisation, je vous confie ce projet. Je suis sûr que vous réussirez. » Pour elle, respecter les délais prévus est une question d'honneur personnel. Elle est pour l'instant fière du chemin parcouru.

Pourtant, les débuts ont été difficiles. Barbara a eu du mal à constituer l'équipe qu'elle désirait, et le cahier des charges a tardé à être approuvé. C'est finalement avec du retard sur le timing initial que l'équipe a pu être opérationnelle. Depuis, la chef de projet a tout fait pour compenser cet écart et y est parvenue. Elle a même eu à un moment un peu d'avance, mais la belle mécanique s'est détraquée : un de ses équipiers a eu un accident de voiture et une autre a dû partir plus tôt que prévu en congé maternité. Le temps de trouver des remplaçants et de les former, le projet avait pris à nouveau du retard. Toutefois, Barbara reste résolue. Elle travaille deux fois plus et augmente la pression qu'elle insuffle sur son équipe et ses partenaires. Elle croit dur comme fer à la réussite du projet, même si elle réalise que son équipe est au bord de la rupture.

Certains participants sont venus lui faire part de leurs difficultés à concilier charge de travail et vie privée : « Nous ne pouvons pas partir de l'entreprise en permanence à 21 heures. Négocie un report de délai. Tu as fait tout ce que tu as pu, mais tu ne peux pas réaliser l'impossible ! » Barbara décide d'organiser une réunion pour faire un bilan et remotiver l'équipe. Elle est convaincue qu'il s'agit d'une période de déprime passagère : « Je vais les aider à rebondir ! »

Avant la réunion, elle fait le point sur le projet avec quelques membres du comité de pilotage. Les nouvelles ne sont pas bonnes, car les autres services impliqués ont pris du retard. La direction pense même que la mise en place ne pourra se faire comme prévu, que le projet soit ou non terminé. Barbara décide de ne pas évoquer ce sujet à la réunion : « Nous allons leur montrer que nous pouvons y arriver. »

Dès son entrée dans la salle à l'heure dite, elle sent une certaine tension, les visages de ses collaborateurs sont fatigués. Barbara attaque pourtant la séance d'un ton joyeux et annonce les derniers succès de l'équipe. L'ambiance n'est vraiment pas bonne, elle le constate très vite en assistant à une sérieuse anicroche à propos de broutilles entre deux membres de l'équipe. Elle réussit à calmer le jeu et reprend le fil de son animation. Après avoir présenté le planning, elle conclut, en « malmenant » un peu les chiffres, que le projet peut être fini dans les temps... si chacun y met du sien.

« Pourquoi ? lui dit soudainement Étienne, un de ses meilleurs équipiers.

— Pourquoi quoi ? lui demande-t-elle surprise.

— Oui, pourquoi devons-nous terminer dans les temps ? »

Avant que Barbara ait le temps de lui répondre, son interlocuteur reprend :

« Nous savons que le service commercial n'aura pas fini l'installation de son nouveau standard dans les délais prévus. Son fournisseur est défaillant. Par conséquent, nous pouvons terminer deux mois plus tard sans que cela gêne personne. Alors pourquoi faire le forcing ? »

Un murmure parcourt le groupe. Barbara savait qu'il y avait du retard, mais pas à ce point. Elle réagit vivement, un peu trop d'ailleurs à son goût :

« Tu as l'air bien sûr de toi !

— J'ai des amis au service commercial, fanfaronne Étienne. Profitons de ce délai pour travailler mieux et moins sous pression. »

Le groupe commence à s'échauffer, Barbara sent le vent tourner. Elle essaye de reprendre la situation en main :

« Bien, je comprends votre joie, mais je ne peux rien vous promettre sur un bruit de couloir. Je vérifie ce décalage et j'en parle avec le comité de pilotage.

— Le retard est peut-être même plus important... » souffle une voix. La salle applaudit des deux mains.

Barbara reprend : « Il est possible que notre projet doive être terminé plus tôt pour d'autres raisons : les tests par exemple... » Elle s'interrompt, sentant la colère monter au sein du groupe.

Farida, d'ordinaire si calme, prend alors la parole : « Nous ne voulons pas trimer envers et contre tout pour rien. Il y a un an, chez mon précédent employeur, nous avons travaillé d'arrache-pied pour clore un projet dans les temps. Il a été fini trois mois trop tôt, parce que le service achats, qui ne croyait pas que nous allions respecter les délais, avait tardé à commander les serveurs par souci d'économie. »

Barbara, épuisée, regarde son équipe. Tout le monde parle, personne n'écoute, les équipiers se disputent, certains accablent de reproches leurs collègues, d'autres ont abandonné la partie et feuillettent leur agenda... Où est cette équipe qui, il y a encore deux mois, fêtait l'avance prise sur le projet ?

La chef de projet reprend la parole d'une voix douce et calme. Petit à petit, le silence revient, chacun tendant l'oreille pour l'écouter. Elle résume sobrement les faits, puis se livre : « Je comprends ce que vous ressentez. Je veux vous remercier pour l'effort que vous avez produit ces dernières semaines pour maintenir le projet la tête hors de l'eau. Je vais me renseigner et je vous promets que si je peux retarder les délais sans inconvénient, je le ferai. Je voulais peut-être maintenir la date prévue pour montrer quelle équipe formidable vous êtes. Peut-être aussi que j'en fais une affaire personnelle et que je vous ai oubliés... Si c'est le cas, excusez-moi. » Elle s'interrompt, au bord des larmes.

Le groupe reste silencieux. Puis, Farida se lève et pose la main sur l'épaule de Barbara : « Nous t'apprécions, tu sais. Nous ne voulons pas que tu sentes coupable. » Tous les équipiers viennent, l'un après l'autre lui témoigner leur amitié et leur reconnaissance, qui en lui parlant, qui en la touchant. « C'est bon, allez-y, le travail vous attend ! » est tout ce qu'elle trouve à leur dire...

___ **Les questions-clés** _____

Les tensions perçues au cours de la réunion et la discussion avec Étienne ont poussé Barbara à se remettre en cause. Elle finit même par faire un *mea culpa* public et par se livrer à ses équipiers, qui apprécient sa sincérité.

De multiples pressions nous incitent à aller toujours plus vite, plus loin, plus haut, ce qui ne favorise pas l'entente au sein d'un groupe.

?　Les tensions sont-elles évitables ou font-elles systématiquement partie de la vie d'un projet ?

?　Est-il possible de les canaliser ?

?　Le leader qui fait changer les autres, doit-il, lui aussi, apprendre à changer ?

Le stress, gangrène de notre société

À une époque où nous mesurons la non-qualité de vie par le nombre de suicides, le stress n'a jamais autant occupé les esprits. Paradoxalement, les Français n'ont jamais consacré aussi peu de temps au travail (les salariés ont en moyenne sept à huit semaines de vacances par an).

Une réalité palpable

Selon une enquête TNS Sofres de juillet 2007, 75 % des Français estiment que le mot *stress* est celui qui décrit le mieux la façon dont ils vivent leur emploi. Ce stress est surtout causé par la peur de l'avenir, puis viennent le manque de reconnaissance, la surcharge de travail et les conditions de travail.

Nombre d'entreprises font des enquêtes régulières sur l'état d'esprit de leurs collaborateurs. Voici des extraits d'une étude effectuée auprès de chefs de projet et de managers[1] quant à leur ressenti par rapport au travail. Ces derniers ont ainsi le sentiment :

- d'une accélération des projets qui peut parfois masquer leur finalité et leur cohérence ;
- d'une surcharge permanente de travail ;
- d'un essoufflement, qui peut prendre la forme d'une perte de motivation.

Enfin, la lourdeur et l'individualisation des structures sont difficiles à supporter : voies hiérarchiques complexes, multiplicité des réseaux d'intervenants, objectifs sans réelle complémentarité, lenteur des mises en application par manque de bilans intermédiaires...

Bon et mauvais stress

Dans sa définition première, le stress désigne la réponse (positive ou négative) de l'organisme aux stimulations de l'environnement.

Le stress lié au départ en vacances n'a jamais tué personne. En revanche, celui du salarié qui ne parvient pas à faire son travail est bien plus dangereux. Dans ce sens, le stress fait partie de la vie, avec ses bons et mauvais côtés. Comment faire la part des choses ?

Tout dépend du regard que le salarié porte sur lui-même et sur l'objectif visé.

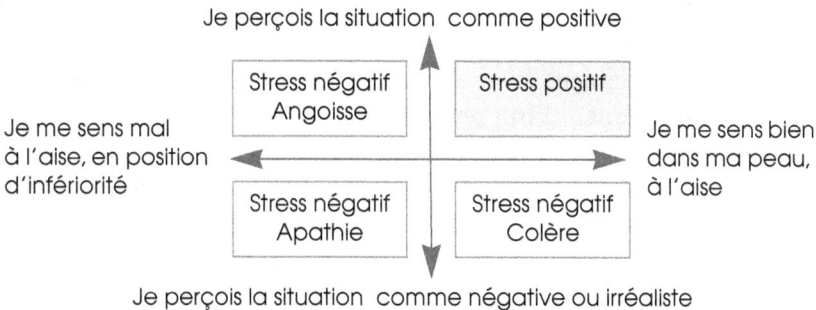

Je perçois la situation comme positive

| Stress négatif Angoisse | Stress positif |

Je me sens mal à l'aise, en position d'infériorité ← → Je me sens bien dans ma peau, à l'aise

| Stress négatif Apathie | Stress négatif Colère |

Je perçois la situation comme négative ou irréaliste

---

1. Étude effectuée par Dalett dans une grande entreprise technique française auprès de 150 personnes.

Si un collaborateur se sent compétent et que vous lui donnez un objectif qu'il estime accessible : tout va bien ! Il se sentira même pousser des ailes…

Si, en revanche, ce même collaborateur se sent capable de faire le travail, mais que le délai lui semble inaccessible, alors il exprimera sa colère. S'il sent que la tâche est de trop grande ampleur et qu'il ne pourra la remplir à temps, il ressentira plutôt de l'anxiété (« je comprends ce qui m'est demandé, mais je ne sais comment y arriver »). Enfin, s'il ne possède pas les compétences requises pour effectuer la tâche demandée, il versera dans l'apathie (« je n'y comprends rien de toute façon, et je ne saurai jamais faire cela »).

Une même situation peut donc se traduire par des formes différentes de stress.

Canaliser les tensions

Mettre son leadership à l'épreuve, c'est gérer le stress de ses équipiers et les accompagner au mieux durant les périodes difficiles. Pour cela, vous devez nécessairement tenir compte de la personnalité de vos collaborateurs.

Face à un individu

Chacun a sa propre forme de stress et ses modes de réactions, avec leurs avantages et leurs inconvénients. Ceux qui crient pour exprimer leur mécontentement perturbent les autres, mais ils « expulsent » finalement rapidement leurs émotions négatives. À l'opposé, ceux qui se taisent donnent l'impression de consentir bon gré, mal gré. En réalité, ils se replient sur eux-mêmes et peuvent bloquer l'avancée de toute l'équipe. Aussi ne sous-estimez pas ou au contraire ne surestimez pas l'une ou l'autre forme de réaction.

Voici recensés les types de stress ressentis par les différents profils déterminés dans la pratique n° 5.

AS DE PIQUE

Ce qui le stresse : la pression du temps, les décisions à prendre rapidement, le sentiment de manquer d'informations

Expression du stress : se replie sur lui-même, s'arrête sur des détails sans arrêt

Comment intervenir : lui laisser du temps, lui fournir beaucoup d'informations, lui donner des explications sur un mode séquentiel (en partant du début)

AS DE CARREAU

Ce qui le stresse : le gaspillage de temps, le manque d'objectifs clairs, le fait de dépendre des autres

Expression du stress : hausse la voix, rejette la faute sur les autres

Comment intervenir : le faire agir, ne pas justifier ses décisions (ou l'absence de décision)

AS DE CŒUR

Ce qui le stresse : les changements soudains, le sentiment de perdre confiance

Expression du stress : se tait, se bloque, ne prend pas de décision

Comment intervenir : dissiper les problèmes relationnels, lui montrer l'estime qu'on lui porte, puis répondre à ses questions

AS DE TRÈFLE

Ce qui le stresse : être ignoré, avoir des limites à ses marges de manœuvre

Expression du stress : recherche le conflit, fait preuve de rigidité, s'« accroche » aux détails

Comment intervenir : stimuler sa créativité

Face à un groupe

Il se peut aussi que ce soit le groupe tout entier qui réagisse. Dans ce cas, la canalisation des tensions peut se faire soit en direct, soit lors de séances dédiées.

Lors de la réunion, vous pouvez par exemple rappeler l'ordre du jour, puis noter sur un tableau en papier les questions, attentes et émotions exprimées. Ce type de tableau a l'avantage d'être vu par tous et de pouvoir être conservé. Les protagonistes sont rassurés de visualiser sous forme écrite leur ressenti, et vous pouvez vous y référer à tout moment lors de la séance.

Pensez à classer les remontées de vos équipiers selon :

- ce qui dépend de l'équipe (donc à votre portée) ;
- ce qui dépend de la hiérarchie (vous pouvez faire des demandes) ;
- ce qui dépend d'éléments sur lesquels vous n'avez pas prise (l'environnement par exemple : il n'y a pas d'action possible, il faut s'adapter).

Cela facilitera la lecture et la mise en œuvre de solutions adéquates. Vous trouverez d'autres conseils (selon les circonstances) à la fin de cette pratique.

Vous pouvez également organiser régulièrement des séances de régulation. Ce sont des réunions dédiées, sans ordre du jour, durant lesquelles peuvent être libérés tensions et non-dits. Il faut pour cela instituer des règles du jeu claires :

- Chacun est libre de s'exprimer.
- La bienveillance dans l'écoute est nécessaire, personne n'émet de jugement ou de critique.
- On respecte celui qui exprime ce qu'il ressent.
- Les injures ou insultes gratuites sont bannies, et les « attaques » interdites.

Sachez vous remettre en cause

Enfin, tout leader charismatique que vous êtes, vous pouvez aller trop vite, faire fausse route ou oublier d'appliquer certains principes. Comme Barbara dans l'histoire ci-dessus, un membre du groupe ou le groupe lui-même peut vous en faire prendre conscience.

C'est là le paradoxe : vous devez accompagner le changement de vos équipiers et leur servir d'exemple, tout en vous remettant en cause personnellement.

Mea culpa

Soyez conscient de vos propres écarts par rapport aux règles. Reconnaissez-les « publiquement », expliquez-les et tirez-en les conséquences qui s'imposent. Vous devez préciser s'il s'agit d'une exception ou d'une évolution des règles.

Si, par malchance, ce sont vos équipiers qui attirent votre attention sur vos « fautes », sachez que l'humilité et l'expression de votre ressenti peuvent vous aider à sortir de ce mauvais pas. Rien ne sert en effet de s'enferrer dans une situation délicate, l'erreur est humaine. Toutefois, il ne suffit pas d'expliquer rationnellement votre action (si elle est rationnelle !). N'oubliez pas que vous avez « trahi » la confiance de vos équipiers. Commencez donc par rétablir cette confiance avant de vous justifier.

Dans tous les cas, soyez particulièrement attentif aux signaux, même faibles, que peut émettre votre équipe : remarques discrètes, regards, gestes (d'étonnement, d'agacement, etc.).

La remise en cause profonde

Il peut aussi être intéressant de vous remettre en cause de manière plus profonde, en tant que leader et en tant qu'équipier.

Une démarche comme le 360°[1] (comment je suis perçu par mes supérieurs, mes homologues et mes collaborateurs) ramené à un 90° (entre vous-même et vos équipiers) permet de croiser les regards.

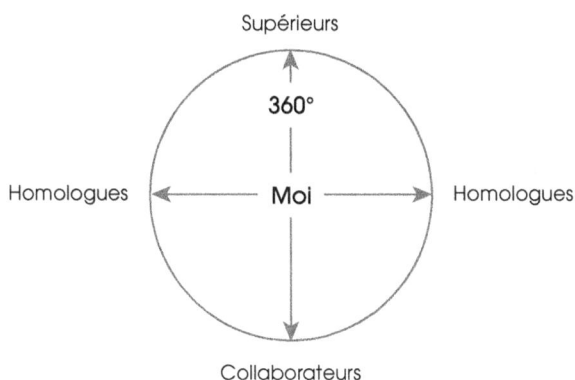

---

1. Pour ceux qui souhaitent plus de détails sur un 360°, nous vous conseillons de voir, par exemple, le programme «Regards sur soi» (www.jvbconseil.fr).

L'information en retour (ou *feedback*) permet de bâtir un programme sur mesure.

Vous mesurez ainsi l'écart entre l'image que vous avez de vous-même et celle que perçoivent les autres. L'intérêt de cet exercice est que vous mettez non seulement le doigt sur vos points faibles, mais aussi sur des points forts sous-estimés.

Les leçons de l'expérience

La vie en entreprise est rarement un long fleuve tranquille. De temps à autre (voire souvent), le leader doit gérer des tensions entre son équipe et l'environnement, entre les membres mêmes de l'équipe, voire entre lui et son équipe.

Ces moments de tension sont à la fois un risque de division et une occasion de resserrer les liens dans le groupe. Il faut dans ce cas prendre en compte :

- les facteurs propres à chaque individu (chacun a des facteurs de stress et des modes de réaction différents) ;
- les facteurs liés au groupe (le groupe a sa propre personnalité). En réunion, il passe par différentes phases avant d'être pleinement constructif ;
- sa propre attitude, en tant que leader.

Le leader charismatique sait se remettre en cause et trouve des indicateurs permanents ou spécifiques pour progresser : « mes collaborateurs savent-ils ce qu'ils ont à faire, comment et pourquoi ils doivent le faire ? Ont-ils envie de le faire ? Disposent-ils des ressources nécessaires ? Sont-ils confiants dans leur capacité à agir ? »

Trois écueils à éviter

Éviter les conflits
Les conflits ignorés ne feront que rejaillir tôt ou tard.

Passer en force
Cette solution est envisageable dans les situations d'urgence. Au quotidien, elle favorise la passivité… et le sabotage.

Confondre *silence* et *accord*
Le mutisme de votre interlocuteur ne signifie nullement qu'il a compris votre demande, ni qu'elle sera exécutée.

Trois conseils à méditer

Tenez compte des différentes manières d'exprimer son ressenti
Les comprendre ne signifie pas les accepter. Toutefois, vous saurez relativiser les cris et, au contraire, vous alarmer de certains silences.

Favorisez régulièrement l'expression du ressenti
N'attendez pas qu'une crise surgisse pour organiser des séances de régulation afin d'inciter vos collaborateurs à faire part de leurs sentiments.

Remettez-vous en cause régulièrement
Trouvez-vous un mentor qui favorise votre propre expression et vous questionne. Il vous aidera à prendre de la distance par rapport à vous-même.

Votre réunion devient difficile à diriger, que faire ?

Faites le point sur vos pratiques habituelles en cas de crise lors d'une réunion.

Si...	Que faites-vous ?	Vous pouvez...
Le groupe dévie du sujet		Le lui rappeler Faire un résumé Prendre note de ce qu'il dit Souligner l'absence de lien avec la réunion
Des discussions s'instaurent dans le groupe		Vous taire en regardant le groupe Donner de la voix avec humour Généraliser la discussion (si c'est un aparté intéressant)
Le groupe « boude » (ne veut plus participer)		Éviter toute agressivité « Revendre » l'intérêt du sujet Faire une pause et à la reprise, changer éventuellement de discussion
Le groupe se ligue contre vous ou conteste l'intérêt de vos dires		Éviter toute agressivité Ne pas chercher à convaincre Faire une pause Analyser les positions individuelles Clore la réunion si le problème est profond

En guise de synthèse

Le leadership charismatique est souvent perçu comme un chef d'orchestre menant son ensemble « à la baguette ». Si vous avez regardé des concerts de musique classique en vidéo (ce qui permet des plans rapprochés difficiles à avoir si vous êtes dans la salle), vous avez sûrement pu voir des *maestros* dirigeant leurs musiciens presque les yeux fermés.

Ce symbole de l'entente quasi parfaite entre le leader et son équipe est une image aujourd'hui dépassée, car elle suppose que le leader contrôle tout. Comme nous l'avons vu, la réalité de la vie en entreprise fait qu'aujourd'hui, le leader n'est plus un grand chef militaire qui dirige une armée, mais plutôt un chef de commando qui fait progresser ses hommes afin qu'ils aient l'aisance et l'autonomie suffisantes pour assurer leurs missions.

Il existe un orchestre symphonique de haut niveau, l'Orpheus orchestra, qui expérimente depuis plus de vingt ans le principe du « leader tournant ». L'expérience a donné lieu à de nombreuses études. Il est intéressant de se pencher sur les huit principes édictés par les animateurs de ce concept :

- Le premier principe est de mettre le pouvoir entre les mains de ceux qui font le travail. Cela signifie les responsabiliser, leur déléguer des tâches et leur donner la possibilité de prendre des décisions.
- Le deuxième principe est de tout mettre en œuvre pour encourager cette responsabilité individuelle : les collaborateurs participent à la définition des choix en termes de décision, ont une autonomie pour les prendre et sont félicités pour leurs initiatives.

- Le troisième principe est de clarifier les rôles de chacun. Au-delà des descriptions de poste, c'est le niveau informel des responsabilités et la mesure de la performance individuelle qui jouent ici un rôle-clé.

- Le quatrième principe est fondé sur la rotation du leadership. Selon les moments, cela peut être telle ou telle personne (ou groupe de personnes) qui prend le leadership. Ce principe exige un environnement qui soutienne la démarche et des équipiers qui souhaitent accroître leurs prises de risque et d'initiative.

- Le cinquième principe est d'encourager le travail en transverse. Dans un contexte où la responsabilité est prônée, les équipiers n'attendent pas tout du leader.

- Le sixième principe est de développer ses capacités de communicant (savoir écouter, apprendre et s'exprimer). Sans expression ouverte et partagée, les quiproquos et les non-dits peuvent fausser l'harmonie.

- Le septième principe est la recherche du consensus : il ne doit pas être obtenu à tout prix. Des structures de délibération permettent l'expression de chacun.

- Enfin, le huitième principe porte sur la nécessité d'avoir des équipiers passionnés par le sens de leur métier et partageant une même vision.

Nous sommes sûrs que toutes les conditions sont réunies, au sein de votre organisation, pour que vous soyez un leader charismatique reconnu, mais aussi pour faire de vos équipiers des leaders en puissance. C'est d'ailleurs tout ce que nous vous souhaitons. Si, par malchance, certains principes ne sont pas respectés dans votre entreprise, qu'attendez-vous pour vous affirmer en tant que leader et les faire triompher ?

Leader de leaders, n'est-ce pas une belle vision ?

Bâtissez un plan
pour devenir un leader charismatique

1. Analysez votre équipe et tenez compte des besoins de vos collabora-
    teurs en les répartissant sur le schéma suivant. (cf. p. 33)

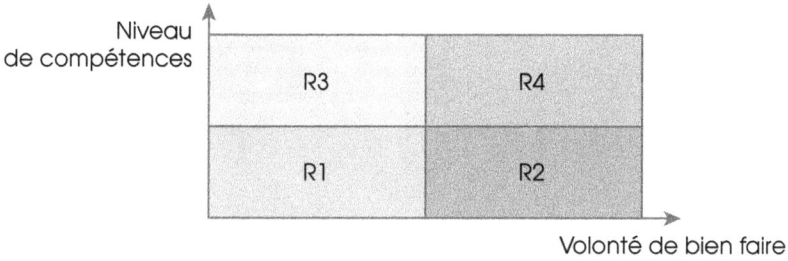

Niveau
de compétences

R3	R4
R1	R2

Volonté de bien faire

2. En tenant compte de votre expérience à ce jour, du schéma précé-
    dent et du tableau des pages 39-40, répondez aux questions suivantes.

Questions	Votre réponse
Votre style naturel de leadership est-il adapté aux besoins de vos collaborateurs ?	
Votre style naturel de leadership est-il adapté aux situations vécues ?	
Comment pourriez-vous faire évoluer votre leadership ?	

3. Voici maintenant quelques caractéristiques du leader charismatique. Lesquelles possédez-vous et lesquelles sont à développer ?

Un leader charismatique est capable	Acquis	À déve-lopper	Pistes d'action
De bâtir une vision			
De partager cette vision avec les acteurs du projet			
De séduire son auditoire			
De persuader en face à face un acteur-clé (dans l'équipe ou en dehors)			
De s'assurer de la compréhension de ses messages			
De développer son écoute			
De donner des signes de reconnaissance			
De connaître les facteurs de motivation de ses équipiers			
D'accompagner ses collabora-teurs au quotidien			
De placer ses équipiers dans leur zone d'apprentissage			
De prendre des décisions courageuses			
D'innover			
De stimuler la créativité individuelle de ses équipiers			
De favoriser la créativité collective			
De gérer les tensions internes			
De favoriser l'expression du ressenti			
De se remettre en question			

Par quoi allez-vous commencer ?

Mes premières actions
1.
2.
3.

Méthodes de travail	Facilitateurs

Calendrier	Indicateurs de suivi

Bibliographie

Témoignages de leaders

GOUTARD N., *L'outsider - Chroniques d'un patron hors normes*, Village Mondial, 2005.

MAGEE D., *Comment Carlos Ghosn a sauvé Nissan*, Dunod, 2005.

PÉAN P., NICK C., *TF1, un pouvoir*, Fayard, 1997.

WELCH J., *Ma vie de patron*, Village Mondial, 2007.

Leadership

BERNE É., *Structure et dynamique des organisations et des groupes*, Éditions d'Analyse Transactionnelle, 2005.

BLANCHARD K., JOHNSON S., *Le manager minute*, Éditions d'Organisation, 2006.

CARROLL L., *Alice au Pays des Merveilles*, Gallimard, 1994.

COVEY S. R., *La huitième habitude*, First, 2006

NANUS B., *Visionary Leadership*, Jossey-Bass, 1995.

OUCHI W.G., *Théorie Z*, Interéditions, 1997.

SEIFTER H., ECONOMY P., *Leadership ensemble*, Time Books, 2001.

Un leadership adapté aux situations et aux personnes

CAILLOUX G., CAUVIN P., *Les types de personnalité*, ESF, 2007.

CAYATTE R., *Bâtir une équipe performance et motivée*, Éditions d'Organisation, 2007.

CHALVIN D. *Développez votre intelligence relationnelle*, ESF, 2003.

DES MESNARDS P.-H., *Réussir l'analyse des besoins*, Éditions d'Organisation, 2007.

FABART P., *Révélez le manager qui est en vous*, EMS, 2005.

HERRMANN N., *The Whole Brain Business Book*, Mc Graw Hill, 1996.

JUNG C. G., *Les types psychologiques*, Georg , 1990.

RODACH G., CAYATTE R., *Les clés de l'employabilité*, Liaisons, 2006.

RODACH G., *Gérer son temps et ses priorités*, Éditions d'Organisation, 2007.

Motivation et stress

COUÉ É., *La méthode Coué*, Marabout, 2007.

CSIKSZENTMIHALYI M., *Mieux vivre en maîtrisant votre énergie psychique*, Pocket, 2007.

LEVY-LEBOYER C., *Re-motiver au travail*, Éditions d'Organisation, 2007.

MAIER C., *Bonjour paresse*, Gallimard, 2005.

SIROTA D., MISCHKIND L. A., MELTZER, *The Enthusiastic Employee*, Wharton School Publishing, 2005

Une communication sur mesure

BUSHE G. R., *Clear leadership*, Davies-Black Publishing, 2001.

FRITZ R., *The Path of Least Resistance*, Ballantine Books, 1989.

RODACH G., CAYATTE R., *Une vague à douze temps*, Entreprises et Carrières, 2006.

Pour progresser

AZNAR G., *Idées, 100 techniques de créativité pour les produire et les gérer*, Éditions d'Organisation, 2005.

BONO E. DE, *La boîte à outils de la créativité*, Éditions d'Organisation, 2004.

CHANCE J., *Découvrir et pratiquer la méthode Alexander*, Eyrolles, 2007.

GAVRILOFF I., JARROSSON B., *Une fourmi de 18 mètres... ça n'existe pas*, Dunod, 2006.

HARDY C., SCHIFRINE L., TOMASELLA S., *Habiter son corps*, Eyrolles, 2006.

www.ingramcontent.com/pod-product-compliance
Lightning Source LLC
Chambersburg PA
CBHW071853200326
41519CB00016B/4357